La géographie de l'Europe des 15

Pierre Joint
Jean-Paul Courbon
Mireille Faget
Jean-Claude Viau

NATHAN

SOMMAIRE

CADRE GÉNÉRAL
De la CEE à l'Union européenne **4**
L'histoire du relief **6**
Les grands ensembles du relief **8**
Les climats **10**
Les paysages végétaux **12**
Les cours d'eau **14**
La population **16**

LES QUINZE
L'Allemagne **20**
L'Autriche **24**
La Belgique **26**
Le Danemark **30**
L'Espagne **32**
La Finlande **36**
La France **38**
La Grèce **42**
L'Irlande **46**
L'Italie **48**
Le Luxembourg **52**
Les Pays-Bas **54**
Le Portugal **58**
Le Royaume-Uni **60**
La Suède **64**

POLITIQUE
Les types de gouvernement **66**
Régions et communes **68**
Les élections au Parlement européen **70**
La gauche dans l'Union européenne **72**
Conservateurs et libéraux dans l'Union européenne **74**

ÉCONOMIE
L'Europe verte **76**
Les productions végétales **78**
La vigne et le vin **80**
L'élevage **82**
La forêt **84**
La pêche **86**
L'énergie **88**

Les industries traditionnelles en crise **90**
Les industries d'équipement et la chimie **92**
Les industries de pointe **94**
Les industries agro-alimentaires **96**
Les entreprises **98**
Le tertiaire **100**
Le tourisme **102**
Chemins de fer et autoroutes **104**
Les transports aériens **106**
Les ports **108**

SOCIÉTÉ
Disparités régionales et niveaux de vie **110**
La protection sociale **112**
Les étrangers **114**
Les religions **116**
Les langues **118**
Les villes **120**
Le logement **122**
La délinquance **124**
Le travail **126**
Les syndicats **128**
L'école **130**
Les étudiants **132**
Les armées **134**
Les habitudes alimentaires **136**
Le sport et les loisirs **138**
La culture **140**
Le cinéma **142**
La presse **144**
La télévision **146**

INTERNATIONAL
Le commerce extérieur **148**
L'Union européenne et le Tiers Monde **150**
Le poids de l'Union européenne dans le monde **152**

LES QUINZE EN CHIFFRES **154**

INDEX **158**

© Éditions Nathan 1995 pour la première édition
© Éditions Nathan 1998 pour la présente édition – ISBN 2-09-182448-8

MODE D'EMPLOI

Divisé en six parties, l'ouvrage s'organise par doubles pages.
Chaque double page fait le point sur un thème
et fonctionne de la façon suivante :

À gauche
Une page « Savoir » présente l'essentiel des données actuelles sur l'Europe des Quinze.

À droite
Une page « Repères » apporte des éclairages sur des points particuliers ainsi que des informations pratiques.

Le menu aide à repérer les six parties du livre.

Quelques lignes d'introduction présentent les principaux éléments du sujet.

Le titre de la page de droite met l'éclairage sur un point particulier.

Le titre annonce le thème de la double page.

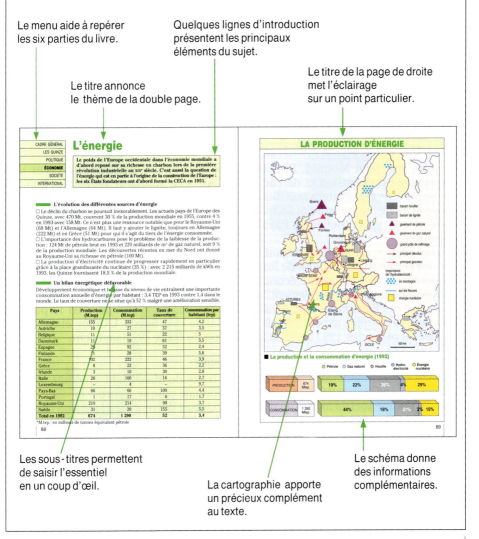

Les sous-titres permettent de saisir l'essentiel en un coup d'œil.

La cartographie apporte un précieux complément au texte.

Le schéma donne des informations complémentaires.

CADRE GÉNÉRAL
LES QUINZE
POLITIQUE
ÉCONOMIE
SOCIÉTÉ
INTERNATIONAL

L'histoire du relief

L'histoire géologique de l'Europe, comme celle de la Terre, remonte à environ 4 milliards d'années. Pourtant, l'océan Atlantique n'a commencé à se former qu'il y a seulement 150 millions d'années et l'Europe à se mettre en place réellement que depuis une soixantaine de millions d'années. Ce mouvement se poursuit encore : les Alpes occidentales se soulèvent d'un mètre par millénaire, la plaine du Pô s'enfonce au même rythme.

L'ère primaire : les plissements calédonien et hercynien

☐ Du précambrien (3,5 milliards d'années), il ne reste que le fragment très usé d'un ancien continent, un bouclier, dans le Nord-Ouest de l'Écosse.
☐ À l'ère primaire (– 570 à – 235 millions d'années) correspondent surtout les roches cristallines (granit) et des roches sédimentaires souvent métamorphisées (schistes…). Deux plissements successifs marquent cette période :
– le plissement calédonien (Calédonie = Écosse) de direction SO-NE dans la moitié septentrionale des îles Britanniques et dans la péninsule scandinave.
– le plissement hercynien, du nom du massif du Harz en Allemagne, forme un V évasé du sud des îles Britanniques et de l'ouest de la péninsule ibérique à l'Allemagne moyenne, traversant une grande partie de la France.

L'ère secondaire : les invasions marines

À l'ère secondaire (–235 à –65 millions d'années), les mers occupent l'Europe, à l'exception de quelques secteurs plus élevés des anciennes chaînes de montagnes. Elles recouvrent la pénéplaine et des couches de roches sédimentaires (calcaire, argiles…) s'y forment. Certaines parties du socle s'enfoncent lentement sous le poids des sédiments et donnent naissance à des bassins comme le Bassin aquitain, le Bassin parisien en France, celui de Londres en Angleterre ou celui de Souabe-Franconie en Allemagne.

L'ère tertiaire : les plissements pyrénéen et alpin

☐ Le déplacement des plaques eurasiatique et africaine provoque la formation de nouvelles chaînes de montagnes à l'ère tertiaire (– 65 à – 2 millions d'années) dans toute la partie méridionale de l'Europe : Pyrénées d'abord, puis Alpes et chaînes dinariques de l'Adriatique à la Grèce.
☐ Ces mouvements entraînent le soulèvement d'une partie des anciennes montagnes de l'ère primaire, et donnent naissance à des fossés d'effondrement de la Méditerranée jusqu'à la mer du Nord (plaines d'Alsace et de Bade, Lowlands d'Écosse…).

L'ère quaternaire : les glaciations

☐ La partie nord de l'Europe et les montagnes les plus élevées sont envahies par les glaces à quatre reprises. Les glaciers usent les massifs, creusent les vallées en auges, et déposent des débris : les moraines. Le vent transporte les particules les plus fines qui forment alors un sol fertile : le lœss.
☐ La fonte des glaces entraîne une remontée du niveau de la mer qui donne naissance à la Manche et isole les îles Britanniques. Cette transgression marine provoque aussi l'invasion des basses vallées fluviales et glaciaires (rias, fjords).

CARTE STRUCTURALE SIMPLIFIÉE DE L'EUROPE

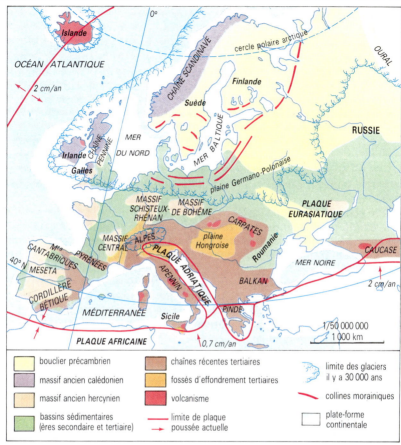

■ L'Europe et les plaques de l'écorce terrestre

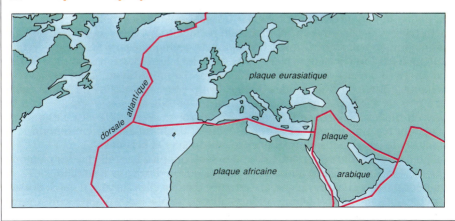

CADRE GÉNÉRAL
LES QUINZE
POLITIQUE
ÉCONOMIE
SOCIÉTÉ
INTERNATIONAL

Les grands ensembles du relief

L'altitude moyenne de l'Europe reste modérée, ne dépassant guère 300 m. Le relief donne cependant une grande variété de paysages. Il n'existe pas dans cette partie de l'Europe d'immenses ensembles comme plus loin vers l'est ou comme dans d'autres continents. Quelques dizaines ou quelques centaines de kilomètres au maximum permettent de passer de la plaine à la montagne élevée, au plateau ou au massif ancien.

Une Europe des horizons plats et des vieux massifs

Dans sa partie septentrionale et centrale, l'Europe des Quinze offre des reliefs peu accentués.

☐ La grande plaine de l'Europe du Nord commence en France et se poursuit bien au-delà de la frontière allemande. Les zones côtières ont souvent été gagnées sur la mer (polders), parfois depuis plusieurs siècles. L'empreinte des glaciers se marque par des collines morainiques et des lacs : ce sont alors des régions aux aptitudes médiocres.

☐ Dans les bassins sédimentaires alternent plateaux, parfois couverts de lœss comme en Beauce, et reliefs de côtes, avec talus et dépressions, comme dans le bassin de Londres, le Bassin parisien et la Souabe-Franconie en Allemagne. Le vieux socle suédois et finlandais forme un plateau où les glaciers ont modelé des cuvettes occupées par de nombreux lacs.

☐ Les vieilles montagnes de l'ère primaire ont des formes arrondies qui n'atteignent pas 1 500 m sauf dans le Massif central, où le puy de Sancy, ancien volcan, s'élève à 1 886 m, et dans la chaîne scandinave, soulevée à l'ère tertiaire. Elles forment souvent de hautes surfaces peu accueillantes en raison des conditions climatiques plus rudes.

Une Europe des chaînes récentes

L'Europe méridionale présente un relief compartimenté avec de fortes dénivellations.

☐ La haute montagne est constituée par les plissements des montagnes jeunes de l'ère tertiaire. Ces plissements ont un dessin rectiligne (Pyrénées, cordillère Bétique, Alpes dinariques) ou arqué (Alpes). Les sommets déchiquetés par l'érosion se remarquent par leurs formes aiguës (pics, dents, aiguilles). Ils dépassent souvent 3 000 m : pic d'Aneto (3 404 m), sierra Nevada (3 480 m). Le mont Blanc (4 807 m), avec la plus haute altitude de l'Europe des Quinze, l'emporte sur la dizaine de points culminant à plus de 4 000 m dans les Alpes françaises et italiennes.

Neiges éternelles et glaces se trouvent dans les zones les plus élevées. Les anciens glaciers ont façonné les cols et élargi les vallées, facilitant ainsi la circulation.

Une partie de ces régions connaît encore volcanisme et séismes.

☐ Au pied de ces montagnes s'étendent des secteurs plus bas tels que les piémonts (Bavière). Quelques plaines alluviales (plaines du Pô, d'Aragon, d'Andalousie) sont délimitées par ces chaînes récentes. Certaines d'entre elles servent d'épine dorsale aux péninsules méditerranéennes et laissent peu de place aux plaines côtières exiguës et morcelées.

DE LA PLAINE À LA HAUTE MONTAGNE

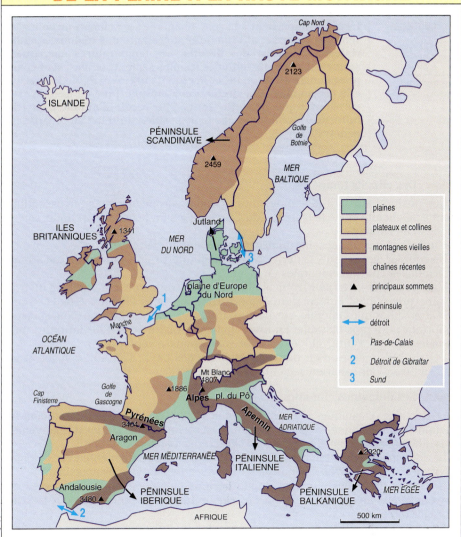

Coupe de l'Europe : de la mer du Nord à la mer Adriatique

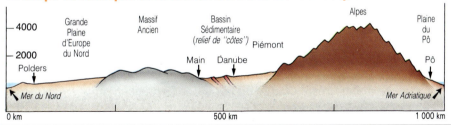

CADRE GÉNÉRAL
LES QUINZE
POLITIQUE
ÉCONOMIE
SOCIÉTÉ
INTERNATIONAL

Les climats

> L'Europe appartient à la zone tempérée ; ses climats ne connaissent pas d'excès : ni l'humidité incessante des régions équatoriales, ni l'aridité des déserts. Les températures moyennes annuelles, sauf aux latitudes les plus septentrionales, sont comprises entre 10 °C et 18 °C. Presqu'île occidentale de l'Eurasie, elle est soumise à la circulation atmosphérique d'ouest en est, caractéristique de cette zone. Elle reçoit d'autant plus les influences océaniques que la disposition du relief en favorise la pénétration.

■ Des climats tempérés

☐ Une position aux latitudes moyennes : l'Union européenne se situe essentiellement à mi-chemin entre le tropique du Cancer et le cercle polaire arctique, sauf en Suède et en Finlande.
☐ L'influence des masses maritimes atténue l'amplitude thermique.
☐ Un courant marin tiède, la dérive Nord-Atlantique, prolongement du Gulf Stream, réchauffe les côtes occidentales en hiver.
☐ L'air polaire froid et l'air tropical plus chaud entrent en contact le long du front polaire, provoquant la formation de perturbations. Sous l'influence de la circulation atmosphérique générale, ces perturbations traversent l'Europe d'ouest en est, apportant un temps instable. En hiver, le front polaire atteint les latitudes méridionales ; en été, l'anticyclone des Açores le repousse vers le nord.
☐ Deux autres masses d'air peuvent atteindre nos pays : l'air sibérien sec et glacial, en hiver, l'air saharien sec et brûlant, en été.

■ Les domaines climatiques

☐ Le domaine océanique, à l'ouest : les pluies fines (crachin, bruine) tombent fréquemment toute l'année avec un maximum en saison froide. L'été est relativement frais, l'hiver sans rigueur. Le temps se caractérise par son instabilité.
☐ Le domaine continental, à l'est : l'amplitude thermique augmente avec l'éloignement de l'océan ; l'hiver devient plus froid avec des moyennes avoisinant 0 °C et des risques de gelées sur une longue période ; l'été est plus chaud avec des moyennes aux alentours de 20 °C. Les précipitations prennent surtout la forme d'orages d'été.
☐ Le domaine méditerranéen, au sud : le relief limite son extension. Le climat se caractérise par la luminosité de l'atmosphère et des températures plus élevées : hiver doux (8 °C à 10 °C) et été chaud (23 °C à 27 °C). Les averses violentes tombent de l'automne au printemps mais l'été reste très sec.
☐ L'influence montagnarde : l'altitude provoque une diminution de la température (0,6 °C en moyenne par 100 m) et une augmentation des précipitations. Dans les Pyrénées, le pic du Midi (2 877 m) a une température moyenne de – 1,2 °C et reçoit 1 588 mm de précipitations. Les hommes recherchent le versant exposé au soleil, l'adret, plutôt que l'ubac, à l'ombre.
☐ L'influence polaire reste limitée du fait du réchauffement apporté par le Gulf Stream sur les côtes de Norvège. Elle se traduit par le fort allongement de la période glaciale de l'hiver et par un été bref aux jours très longs.

LES DOMAINES CLIMATIQUES

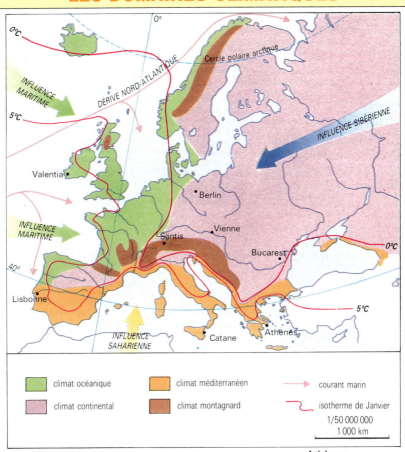

- climat océanique
- climat continental
- climat méditerranéen
- climat montagnard
- → courant marin
- ∽ isotherme de Janvier

1/50 000 000
1 000 km

■ **Diagrammes des climats européens**

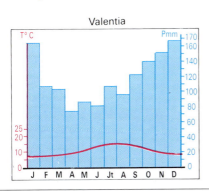

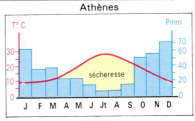

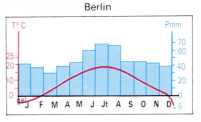

11

CADRE GÉNÉRAL
LES QUINZE
POLITIQUE
ÉCONOMIE
SOCIÉTÉ
INTERNATIONAL

Les paysages végétaux

La variété des climats favorise celle des espèces végétales en Europe. À chaque grand domaine climatique correspond un type particulier de paysage végétal que, cependant, la nature du sol peut faire varier. L'Europe reste le domaine de la forêt bien que l'homme en défrichant depuis des millénaires ait fait disparaître ou évoluer la végétation.

Le domaine atlantique

☐ L'humidité et la douceur de l'hiver favorisent la croissance des plantes pendant une grande partie de l'année. Le milieu océanique est le domaine de la forêt d'arbres à feuilles caduques : le chêne et ses différentes variétés, le charme, l'orme et, dans les zones plus arrosées et plus fraîches, le hêtre et le frêne.

☐ La lande est une formation basse composée de genêts, ajoncs, bruyères, fougères... Elle se situe dans les régions qui souffrent de la violence des vents marins ou bien elle résulte de la dégradation de la forêt par l'homme.

☐ La tourbière se développe dans les fonds où l'eau stagne : mousses et champignons s'y décomposent.

Le domaine continental

☐ Dans nos pays, la forêt d'arbres à feuilles caduques domine. Quand l'hiver devient plus rigoureux, d'autres espèces comme le bouleau ou l'aulne prennent plus de place, et des conifères s'y mêlent (sapin, mélèze, épicéa).

☐ La forêt boréale mélange conifères et tourbières en Suède et en Finlande. La toundra, composée de mousses, de lichens, d'herbes rases, la remplace à l'extrême Nord et en altitude.

Le domaine méditerranéen

☐ Les plantes doivent s'adapter à la sécheresse estivale : vernissage des feuilles qui limite l'évaporation, duvetage sur les faces intérieures, épines ou aiguilles, concentration du sel dans les plantes aromatiques.

☐ Là encore, la forêt constitue la végétation originelle : chênes à feuilles persistantes (chêne vert, chêne-liège) et conifères (pin parasol...). Sa dégradation donne naissance à des formations buissonnantes (thym, lavande, cyste, chêne kermès, arbousier...), espacées dans la garrigue sur le calcaire, touffues dans le maquis sur les sols siliceux.

☐ Des steppes occupent les secteurs les plus secs de la péninsule ibérique. Le désert véritable n'existe pas cependant.

Le domaine montagnard

☐ L'étagement de la végétation est lié à l'altitude (diminution de la température) et à l'exposition.

☐ La limite des différents étages varie en fonction de l'exposition : elle est plus haute côté adret et plus basse côté ubac.

Étage	Paysage végétal
Nival	mousses, lichens et neiges éternelles.
— 3 000 m — Alpin	alpages : prairies d'altitude.
— 2 000 m — Subalpin	forêts de conifères : pins à crochets, épicéas...
Montagnard	forêt de feuillus : hêtres et chênes.
— 800 m — Collinéen	noisetiers, châtaigniers, pâturages et cultures.

LA RÉPARTITION DES PAYSAGES VÉGÉTAUX

■ **Les domaines végétaux**

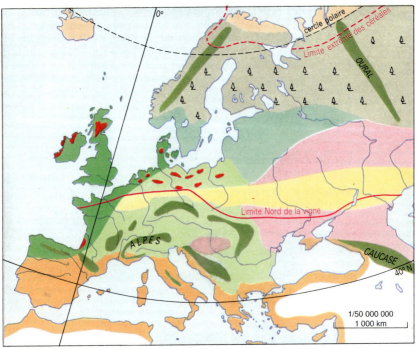

■ **La place de la forêt**

État	Superficie boisée totale (1 000 ha)	Taux de boisement
Allemagne	7 750	21,7
Autriche	3 190	40
Belgique	640	21,3
Danemark	490	11,4
Espagne	12 510	24,7
Finlande	23 360	69,3
France	14 700	26,9
Grèce	6 030	45,7
Irlande	410	5,9
Italie	8 550	28,2
Luxembourg	70	23
Pays-Bas	330	8,9
Portugal	3 100	33,7
Royaume-Uni	2 360	9,6
Suède	22 050	49
Europe des Quinze	**105 540**	**28,9**

- milieu froid : toundra, sols pauvres.
- taïga, sols pauvres ; cultures difficiles ; gel intense l'hiver.
- forêt mixte de conifères et feuillus ; cultures en clairières.
- landes sur sols pauvres
- végétation étagée des montagnes ; sols pauvres, neige, gel.
- forêt de feuillus sur sols bruns, cultures, élevage.
- milieu océanique très humide (prairies).
- loess (limons fertiles apportés par le vent).
- steppes herbeuses des milieux continentaux secs, souvent cultivées.
- végétation et cultures méditerranéennes

CADRE GÉNÉRAL
LES QUINZE
POLITIQUE
ÉCONOMIE
SOCIÉTÉ
INTERNATIONAL

Les cours d'eau

Rivières et fleuves forment un réseau serré en Europe. La disposition des reliefs qui jouent le rôle de « châteaux d'eau », et la proximité des mers expliquent la modestie de leur dimension et de leur débit. Le plus important, le Rhin, est 3 fois moins long que la Volga et son débit à l'embouchure est 80 fois plus faible que celui de l'Amazone ! Leur régime est surtout à l'image des climats. Là encore, l'homme a modifié la nature : le Tage a été aménagé pour l'irrigation et la production d'électricité, le Rhin pour la navigation…

■ Régimes et domaines climatiques

☐ Les rivières océaniques sont calmes et régulières. Leur alimentation, liée aux pluies, donne des hautes eaux d'hiver avec parfois quelques crues importantes, et un étiage (débit le plus faible) l'été.

☐ Les cours d'eau de la partie continentale ont, au contraire, un étiage en hiver. Les hautes eaux de printemps correspondent à la fonte des neiges et celles d'été aux orages que peut renforcer la fonte des glaces lorsque les sources se situent en haute montagne.

☐ Les torrents méditerranéens, avec un débit très faible l'été, connaissent des augmentations brutales de leur niveau dues à des averses violentes les autres saisons. Certaines crues sont catastrophiques comme celle de l'Arno à Florence en 1966.

■ Le Rhin, fleuve européen

C'est le plus puissant fleuve de l'Union européenne : long de 1 320 km, son bassin hydrographique couvre 251 800 km^2 et son débit moyen à l'embouchure s'élève à 2 200 m^3/s. Né d'un glacier suisse dans le massif du Saint-Gothard, il coule ensuite en France et en Allemagne avant de se diviser en deux branches, le Lek et le Waal, aux Pays-Bas, et de se jeter dans la mer du Nord aux côtés de la Meuse. Son aménagement, complété par la canalisation de ses principaux affluents, en fait une voie navigable essentielle pour l'économie de cette partie de l'Europe.

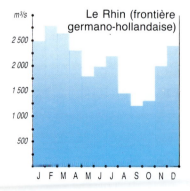

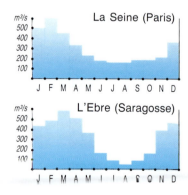

LES GRANDS FLEUVES

■ **L'Europe des grands fleuves**

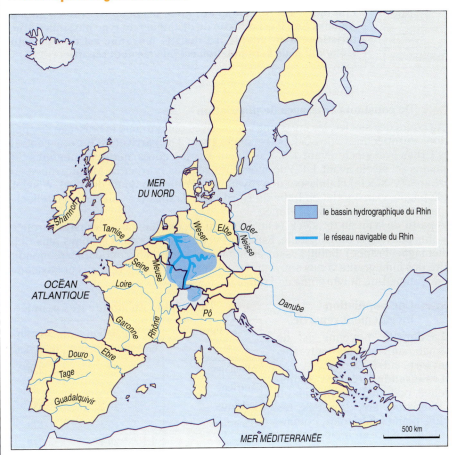

■ **Les fleuves de plus de 600 km**

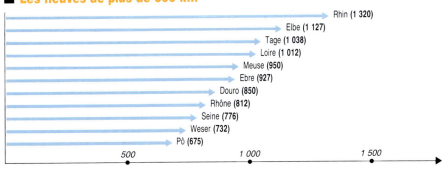

CADRE GÉNÉRAL
LES QUINZE
POLITIQUE
ÉCONOMIE
SOCIÉTÉ
INTERNATIONAL

La population (1)

Les populations de l'Europe offrent une très grande diversité ethnique : les invasions ont mêlé les peuples et les cultures. Aujourd'hui, il est difficile de distinguer un type physique caractéristique d'un peuple. La densité moyenne est de 114 habitants/km² mais la population est inégalement répartie.

De constants brassages de population

☐ Au cours des siècles, les invasions successives ont entraîné le brassage des populations européennes : des Celtes (IXᵉ siècle avant J.-C.) arrivent d'Europe centrale ; des Grecs (VIIᵉ siècle avant J.-C.) se fixent sur les côtes méditerranéennes ; des Romains (Iᵉʳ siècle avant J.-C.) dominent les régions bordant la Méditerranée ; des Barbares (Vᵉ siècle) établissent des royaumes : Francs en Gaule du Nord, Wisigoths en Espagne, Ostrogoths en Italie du Nord ; des Arabes (VIIIᵉ siècle) s'installent en Espagne et dans le Sud de la France.

☐ À partir de la fin du XIXᵉ siècle et au début du XXᵉ, des habitants des pays européens les plus pauvres (Pologne, Italie, Espagne) vont travailler dans les pays plus riches (Allemagne, France). Enfin, l'essor économique après la Seconde Guerre mondiale attire des immigrants venus souvent des anciennes colonies (Indiens et Pakistanais au Royaume-Uni, Maghrébins en France).

Une population inégalement répartie

☐ La densité moyenne est de 118 hab./km², mais les contrastes sont forts entre les pays.

☐ Les grandes régions industrielles, comme l'axe rhénan ou la Randstad, aux Pays-Bas, les riches plaines agricoles, comme la plaine du Pô, en Italie, s'opposent, par leurs densités élevées, aux régions pauvres, arides, trop froides, peu peuplées, parfois à forte émigration, comme l'intérieur de l'Espagne ou de la Grèce ou encore les pays scandinaves.

☐ Par ailleurs, on constate des différences importantes dans le degré d'urbanisation : 90 % de la population se concentrent dans les agglomérations en Grande-Bretagne mais seulement 31 % au Portugal.

Une région du monde très peuplée

Pays	Population en 1999 (millions)	Densité (hab./km²)
Allemagne	82	230
Autriche	8,1	97
Belgique	10,2	334
Danemark	5,3	123
Espagne	39,4	78
Finlande	5,2	15,4
France	58,4	106
Grèce	10,5	80
Irlande	3,7	53
Italie	57,7	192
Luxembourg	0,43	166
Pays-Bas	15,8	387
Portugal	10	109
Royaume-Uni	59,4	243
Suède	8,9	19,8
Union européenne	375	118

Source : *Images économiques du monde*, 2000, SEDES.

MIGRATIONS ET RÉPARTITION

■ Les migrations anciennes

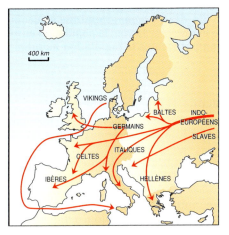

■ Les migrations actuelles

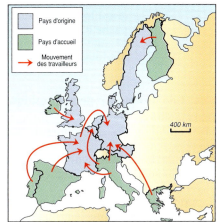

■ Les densités de population

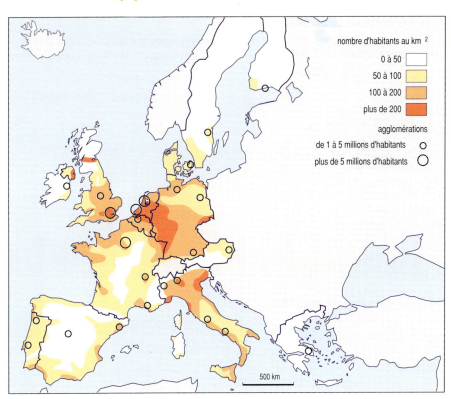

17

CADRE GÉNÉRAL
LES QUINZE
POLITIQUE
ÉCONOMIE
SOCIÉTÉ
INTERNATIONAL

La population (2)

La croissance de la population européenne s'est considérablement ralentie depuis le début du siècle, malgré le « boom » démographique des années 50. Ce déclin démographique s'accompagne d'un allongement de la durée de la vie : la population européenne vieillit. De plus, son poids dans la population mondiale diminue régulièrement.

Une croissance démographique ralentie

☐ Dans la plupart des États membres, le taux d'accroissement naturel a fortement baissé ; en Allemagne, le nombre de décès est même supérieur au nombre de naissances.
☐ La natalité a sensiblement diminué après 1965 et le taux de fécondité se situe au-dessous du seuil de remplacement des générations (2,1 enfants par femme) : il va de 1,7 en France à 1,2 en Italie.
☐ La mortalité reste à peu près stationnaire, autour de 10 ‰. L'immigration, qui jouait un grand rôle dans la croissance démographique de l'Union, a diminué.
☐ Une exception : l'Irlande. Son taux de natalité est le plus élevé de l'Union européenne (14,3 ‰) et son taux de fécondité est de 1,9.

Le vieillissement de la population

La population par groupes d'âge est relativement homogène dans les pays de l'Union européenne. L'Irlande se distingue par son nombre important de jeunes (0-14 ans).

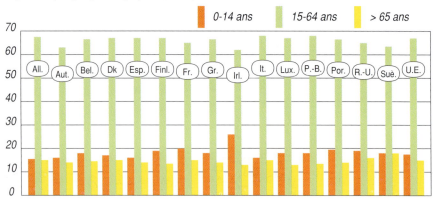

Population par groupes d'âge (en %, 1992)

L'espérance de vie (1998)

	All.	Aut.	Belg.	Dan.	Esp.	Finl.	Fr.	Gr.	Irl.	It.	Lux.	P-B	Port.	R-U	Suède	UE
H	73	74	74	73	74	73	74	75	72	76	74	75	71	74	77	73,3
F	80	81	81	78	82	81	82	80	78	81	80	80	79	80	82	80

Source : *Images économiques du monde*, 2000, SEDES.

ÉVOLUTION DE LA POPULATION

■ **La croissance de la population (1980-1994)**

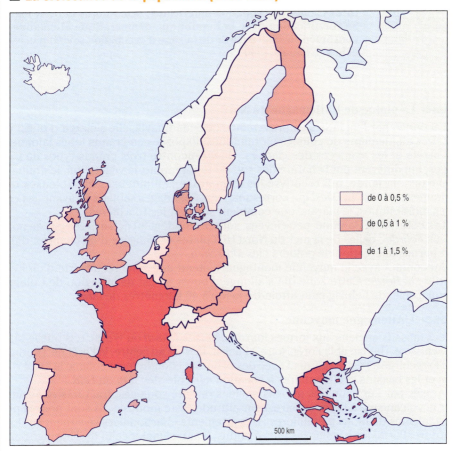

- de 0 à 0,5 %
- de 0,5 à 1 %
- de 1 à 1,5 %

■ **L'Européen devient de plus en plus rare à la surface de la Terre**

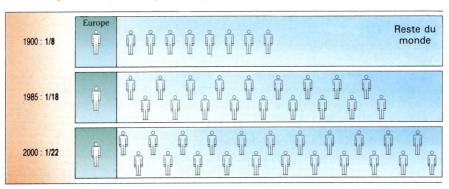

CADRE GÉNÉRAL
LES QUINZE
POLITIQUE
ÉCONOMIE
SOCIÉTÉ
INTERNATIONAL

L'Allemagne (1)

La République fédérale d'Allemagne a été créée en 1949 à partir des zones d'occupation américaine, britannique et française. Sa réunification avec la République démocratique allemande, constituée en 1949 à partir de la zone d'occupation soviétique, est achevée depuis 1990.

▬▬ La plaine de l'Allemagne du Nord

☐ Façonnée par l'inlandsis en provenance de Scandinavie, elle s'élargit d'ouest en est. Des alignements de collines morainiques disposées en grands lobes jalonnent les arrêts et les avancées des glaciers. On y rencontre trois grands types de paysages, qui diffèrent par la nature des sols, la topographie, la végétation, le drainage des eaux : la lande, qui recouvre les formations caillouteuses et sableuses des moraines de front, la *Geest* qui correspond aux épandages sableux à l'avant des collines morainiques, le marais, que comblent souvent les tourbières.
☐ Les côtes de la Baltique, peu élevées, sont profondément échancrées par de nombreux *Föhrde* ; celles de la mer du Nord très plates et frangées d'un chapelet d'îles ont permis la création de polders : les *Marschen*.
☐ Au contact avec la moyenne montagne, s'étend une zone recouverte d'un lœss fertile : la *Börde*. Cette zone qui s'allonge d'ouest en est de la région de Cologne jusqu'à celle de Leipzig peut atteindre jusqu'à 40 kilomètres de large.

▬▬ L'Allemagne moyenne

☐ Les massifs anciens aux formes lourdes, boisés (*Hardt* ou *Wald*), tels que le Massif schisteux rhénan et la Forêt Noire à l'ouest, le Harz au centre, la Forêt de Thuringe et l'Erzgebirge à l'est y alternent avec des plaines d'effondrement comme le fossé rhénan et les bassins sédimentaires à vocation agricole : les *Gau* ou *Feld*.
☐ Arasés par l'érosion, les massifs anciens ont été soulevés, fracturés et affectés par le volcanisme à l'ère tertiaire. Leur altitude reste modeste. Ils sont pour la plupart injectés de filons métallifères ; des gisements charbonniers se situent sur leur bordure. Parmi les bassins les plus étendus, il faut signaler celui de Thuringe-Saxe, autour de Leipzig, et celui de Souabe-Franconie. Ce dernier rappelle les horizons de l'Est du Bassin parisien : des plateaux calcaires se terminent à l'ouest et au nord par des alignements de cuestas – Jura souabe et Jura franconien – dominant les dépressions.

▬▬ L'Allemagne alpine

Elle est limitée au nord par le cours du Danube. Au pied des puissantes chaînes calcaires des Préalpes bavaroises se succèdent du sud au nord : des collines aux versants raides et boisés surplombant de nombreux lacs, des plateaux caillouteux disséqués en lanières par des rivières qui ont aménagé des vallées en terrasses, des dépressions mal drainées où les tourbières sont fréquentes.

▬▬ La disposition du relief et des cours d'eau

Elle constitue une sorte de quadrillage qui a guidé l'installation des voies de communication. Elle contribue à expliquer l'absence de centralisation économique et politique de l'Allemagne.

LES RÉGIONS NATURELLES

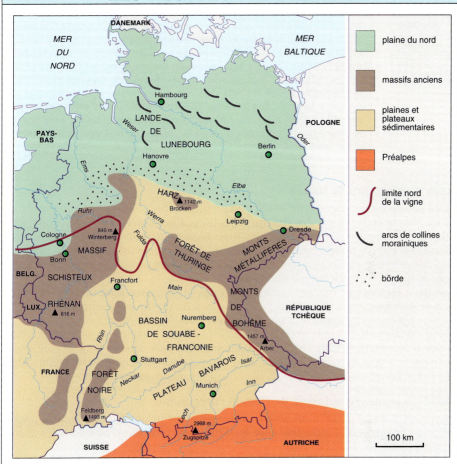

Les frontières de l'Allemagne

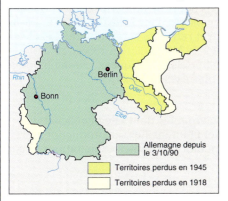

- Allemagne depuis le 3/10/90
- Territoires perdus en 1945
- Territoires perdus en 1918

Quelques données climatiques

	Hambourg	Mayence	Munich
Températures moyennes en °C janvier	0°3	1°1	− 2°3
juillet	17°1	19°2	17°
Précipitations moyennes annuelles en mm	740	515	904

CADRE GÉNÉRAL
LES QUINZE
POLITIQUE
ÉCONOMIE
SOCIÉTÉ
INTERNATIONAL

L'Allemagne (2)

Au quatrième rang mondial, l'économie de l'Allemagne impressionne par sa réussite et sa puissance. Elle est souvent évoquée comme exemple de l'efficacité du modèle libéral de développement économique. Le redressement accompli en quelques années après l'effondrement de 1945 s'est effectué de façon si rapide et si complète qu'on a parlé de « miracle économique allemand ». Quant à la crise des années 70, elle semble avoir été mieux surmontée ici qu'ailleurs. La réunification paraît devoir renforcer la puissance économique de l'Allemagne, qui comptait cependant près de 4 millions de chômeurs en 1996.

▬ Les facteurs du succès

☐ Une solide infrastructure de voies de communication, un potentiel d'usines en grande partie épargné par les destructions dues à la guerre, des ressources énergétiques abondantes, l'importance des investissements consacrés à la recherche, une main-d'œuvre nombreuse et qualifiée, la paix sociale assurée par la pratique de la cogestion et par la négociation : tous ces facteurs ont contribué à la réussite économique de l'ex-Allemagne de l'Ouest.

☐ Le tissu très dense des petites et moyennes entreprises joue un rôle essentiel dans le développement économique, aux côtés de quelques grands *Konzern*. Par ailleurs, les banques apportent un soutien actif aux entreprises.

☐ Grâce à la qualité de ses produits, dont les normes technologiques ont souvent été adoptées partout, grâce à l'activité des sociétés spécialisées dans le commerce extérieur et à la présence d'un service après-vente efficace, l'industrie allemande a largement accru ses débouchés en pénétrant les marchés étrangers.

▬ La première industrie de l'Union européenne

☐ Avec 40 % de la population active employés dans le secteur secondaire contre 55 % dans le tertiaire, l'industrie pèse ici d'un poids plus lourd que dans les autres pays occidentaux.

☐ Le charbon continue à alimenter la consommation énergétique pour 30 %, grâce au soutien financier de l'État. Les autres industries traditionnelles ont elles aussi traversé une crise profonde. Au prix d'un gros effort de modernisation et d'importantes réductions d'emploi (400 000 salariés employés dans le textile en 1970, 150 000 en 1990), elles ont amélioré leur productivité et retrouvé la rentabilité. C'est le cas de la sidérurgie, dont la production s'élevait à 44 Mt d'acier en 1998.

☐ La production de machines-outils et de matériels électriques (1er rang mondial) appartient, avec la chimie, aux secteurs les plus dynamiques.

▬ Une agriculture performante

L'Allemagne a utilisé les conditions de prix favorables dont elle bénéficiait dans le cadre du Marché commun pour se moderniser et intensifier ses productions : l'élevage en fournit les deux tiers. Un très grand nombre de petites exploitations se sont maintenues, dont 54 % à temps partiel.

L'ÉCONOMIE

■ Les régions économiques

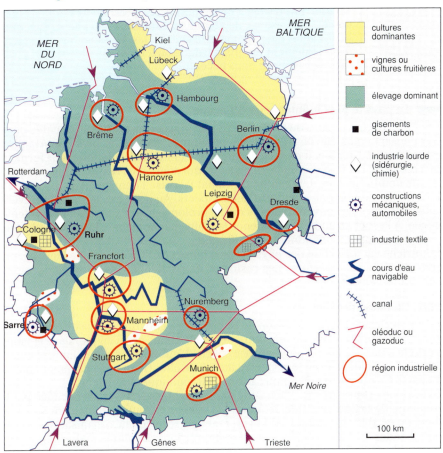

■ Le commerce extérieur (1998)

(en milliards d'écus)

IMPORTATIONS : 413,4
- Produits alimentaires et boissons : 9,6%
- Énergie et matières premières : 12%
- Machines et matériel de transport : 34,6%
- Textile : 3%

EXPORTATIONS *(en milliards d'écus)* : 482,5
- Produits alimentaires et boissons : 5,1%
- Énergie et matières premières : 3,2%
- Machines et matériel de transport : 49,7%

■ Les grandes agglomérations (1992)

Berlin	3 692 000 hab.*
Hambourg	1 675 000 hab.
Munich	1 241 000 hab.
Cologne	958 000 hab.
Francfort	660 000 hab.
Essen	627 000 hab.
Dortmund	600 000 hab.
Stuttgart	596 000 hab.
Düsseldorf	577 000 hab.
Duisbourg	538 000 hab.

* 1996

CADRE GÉNÉRAL
LES QUINZE
POLITIQUE
ÉCONOMIE
SOCIÉTÉ
INTERNATIONAL

L'Autriche

L'un des derniers États à adhérer actuellement à l'Union européenne, l'Autriche, a hérité d'un passé prestigieux dont la situation et l'importance de Vienne, sa capitale, témoignent. Bien que sa situation dans la partie orientale des Alpes en fasse un pays principalement montagnard, l'Autriche occupe aussi une position de carrefour dans le centre de l'Europe.

Le pays le plus montagneux d'Europe

☐ Les Alpes occupent 70 % du territoire. La partie axiale de la chaîne, orientée ouest-est, est aussi la plus élevée ; les massifs préalpins l'encadrent, plus importants au nord qu'au sud. Un réseau de vallées larges y facilite la circulation ; leur forme en auge résulte de l'action des anciens glaciers, qui sont aussi responsables de l'existence de nombreux lacs. L'humidité du climat favorise l'enneigement.
☐ L'Autriche danubienne comporte deux aspects. Au nord-est, le Danube traverse un piémont aux sols souvent pauvres qui se prolonge jusqu'au massif hercynien de Bohême. À l'est et au sud-est commence la plaine pannonienne. Le climat, plus sec, se caractérise par une continentalité affirmée.
☐ L'Autriche est aussi l'un des pays les plus boisés de l'Union européenne. La forêt couvre 40 % de sa superficie. Les résineux, en particulier les variétés de sapins, dominent largement.

Un passé prestigieux

☐ En six siècles de règne, la maison de Habsbourg a constitué un vaste empire dans le centre de l'Europe, terre de rencontre des civilisations germanique, slave et latine ; la période d'apogée correspond au XVIIIe siècle. L'effondrement de l'Empire austro-hongrois à la fin de la Première Guerre mondiale aboutit au morcellement en États nationaux. Ce qui reste de l'Empire forme la République d'Autriche.
☐ L'Autriche est intégrée à l'Allemagne par l'Anschluss (1938) puis occupée par les vainqueurs de la Seconde Guerre mondiale. Elle ne recouvre totalement sa souveraineté qu'en 1955. C'est aujourd'hui un État neutre avec une organisation fédérale (neuf « Länder »), de langue allemande et de religion catholique majoritairement.
☐ Vienne, la capitale, témoigne de ce passé par sa richesse architecturale. Sa situation est actuellement excentrée. Ceci s'explique à la fois par l'histoire – lorsque la capitale de l'Empire était plus centrale – et l'importance de sa population, qui, bien qu'ayant diminué d'un tiers depuis 1910, représente encore 20 % de celle de l'Autriche.

Les transformations de l'économie

☐ Le secteur tertiaire n'est devenu dominant que depuis une quinzaine d'années. L'agriculture, qui avait permis le maintien d'une population rurale importante surtout en montagne, n'occupe plus que 7 % des actifs. Comme ailleurs, les industries traditionnelles sont en difficulté. L'Autriche bénéficie cependant d'atouts importants : l'hydroélectricité, les activités liées à la forêt et surtout le tourisme qui permet de compenser le déficit du commerce extérieur.
☐ L'orientation vers l'Union européenne, préparée par le poids des échanges existants, conduit à revoir la place importante du secteur public dans l'économie.

L'ÉCONOMIE

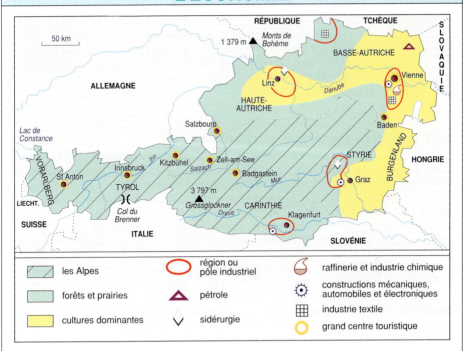

■ Les chiffres du tourisme (1992)
– 5 % des touristes à l'échelle mondiale.
– 20 millions de touristes étrangers dont la moitié d'Allemands.
– l'hôtellerie : plus de 20 000 établissements, 684 000 lits, 80 millions de nuitées ;
– les particuliers : 50 000 logements, 290 000 lits, 20 millions de nuitées.
– 250 000 professionnels et un total de 400 000 emplois qui dépendent plus ou moins directement du tourisme (plus de 10 % de la population active).
– 8 % du PIB.
– Un revenu de 172 milliards de schillings, soit le tiers de la valeur des exportations.

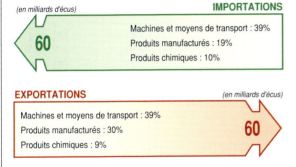

■ Les grandes agglomérations (1992)

Vienne	1 814 000 hab.*
Graz	250 000 hab.
Linz	210 000 hab.
Salzbourg	140 000 hab.
Innsbruck	120 000 hab.
Klagenfurt	85 000 hab.

* 1996

25

CADRE GÉNÉRAL
LES QUINZE
POLITIQUE
ÉCONOMIE
SOCIÉTÉ
INTERNATIONAL

La Belgique (1)

La Belgique est née lors de la révolution de 1830. Avec les Pays-Bas et le Luxembourg, elle fait partie du Benelux, créé en 1958 par le traité de La Haye dans le but de coordonner les politiques économiques et sociales des trois pays.

■ Un pays de plaines et de bas plateaux

☐ La Belgique se situe à l'extrémité de la grande plaine de l'Europe du Nord-Ouest. Bordée par un long cordon de dunes, c'est une large étendue d'argile et de sable originellement peu fertile. Le travail acharné des hommes a fait de ce pays bocager une région agricole prospère. Les plateaux sédimentaires du Hainaut et du Brabant sont couverts de riches limons, où sont pratiquées de façon intensive cultures céréalières et industrielles : blé, betterave à sucre, houblon et tabac.
☐ Le plateau ardennais, qui culmine à 692 m d'altitude au Signal de Botrange, est la partie la plus élevée du pays. L'Ardenne est couverte d'une magnifique forêt de chênes et d'épicéas. C'est une région au climat rude, peu densément peuplée. Le mois le plus froid a une moyenne de 0 °C et on compte 120 jours de gelée par an.

■ Une opposition linguistique forte

☐ Il existe quatre régions linguistiques en Belgique. Au nord d'une ligne est-ouest passant au sud de Bruxelles, c'est le pays flamand, qui regroupe 58 % de la population belge. On y parle le néerlandais. Au sud, c'est le pays wallon (33 % de la population), où le français est pratiqué. La région de Bruxelles se situe à part : le bilinguisme y est la règle mais 80 % des habitants y parlent le français. Environ 70 000 Belges utilisent l'allemand comme langue officielle, aux confins de l'Allemagne.
☐ Des conflits opposent fréquemment les deux principales communautés. En 1993, une réforme constitutionnelle a transformé la Belgique en un État fédéral composé de trois régions : Flandre, Wallonie et Bruxelles. Pour la première fois en 1995, les parlements régionaux ont été choisis directement par les électeurs.

■ Provinces et divisions linguistiques

A : Anvers
B : Brabant
Br : Bruxelles
F : Flandre occidentale
Fo : Flandre orientale
H : Hainaut
L : Liège
Li : Limbourg
Lu : Luxembourg
N : Namur

■ néerlandais
■ français
■ bilinguisme
▨ allemand

LE RELIEF ET LA POPULATION

■ Le relief et les axes de communication du Benelux

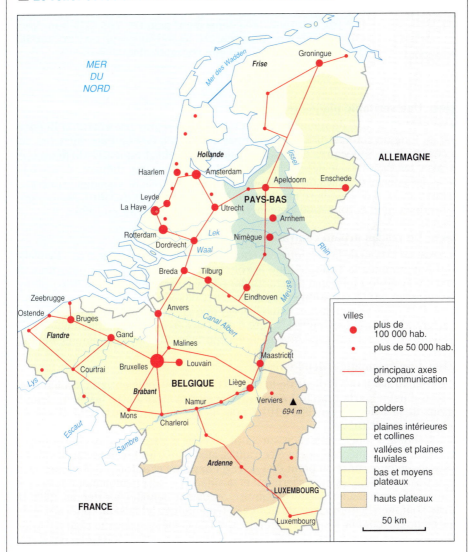

■ La répartition de la population active (1998)

Secteur primaire	2,9 %
Secteur secondaire	28,1 %
Secteur tertiaire	69 %

■ Les pays d'origine des étrangers (1993)

Italie	24 %
Maroc	16 %
France	10,5 %
Turquie	9,5 %

CADRE GÉNÉRAL
LES QUINZE
POLITIQUE
ÉCONOMIE
SOCIÉTÉ
INTERNATIONAL

La Belgique (2)

> Petit pays par sa superficie, l'équivalent de celle de la Normandie, la Belgique se situe au 7e rang de l'Union européenne pour son PIB par habitant. Très densément peuplée avec 334 hab./km², elle possède une position privilégiée au cœur de l'Europe du Nord-Ouest, dont elle est une véritable plaque tournante.

▬ Une véritable plaque tournante

☐ Dès le Moyen Âge, de nombreux courants commerciaux traversent la Belgique. Tout au long de son histoire, son territoire est l'enjeu de combats entre les puissances voisines. Située près de la façade maritime la plus fréquentée du monde, elle est, avec les Pays-Bas, le débouché privilégié de l'Allemagne rhénane. Grâce à son réseau très dense de voies de communication, l'espace est intensément utilisé.
☐ Située au fond de l'estuaire de l'Escaut, à 88 km de la mer du Nord, Anvers est le 2e port de l'Union européenne avec un trafic annuel de 120 Mt en 1998.

▬ Un réseau urbain centralisé

☐ Le réseau urbain de la Belgique est équilibré autour du « triangle d'or » Bruxelles-Gand-Anvers mais la capitale joue le rôle essentiel. Implantée en pays flamand, Bruxelles compte 1 million d'habitants dont 35 % d'étrangers. Sa fonction politique est renforcée par sa vocation européenne : le Conseil des ministres de l'Union s'y réunit et l'OTAN y a son siège. Bruxelles est une grande place financière avec plus de 80 grandes banques, dont 60 % sont à capitaux étrangers dominants.
☐ Anvers et Liège sont respectivement les capitales des pays flamand et wallon.

▬ Une économie à deux vitesses

☐ La comparaison des indices de la production industrielle entre la Wallonie et la Flandre illustre parfaitement l'écart de développement entre les deux grandes régions de la Belgique en 1987 : 101,8 pour la première et 156,8 pour la seconde (indice 100 en 1970).
☐ La Wallonie a longtemps vécu sur sa prospérité passée liée aux charbonnages, aux constructions mécaniques et électriques, aux industries textiles et au savoir-faire de ses ingénieurs (mise au point de l'acier à l'oxygène et automatisation de la sidérurgie). Aujourd'hui, les mines ferment et la sidérurgie sort péniblement de la crise : la puissante compagnie Cockerill-Sambre redevient bénéficiaire depuis 1988. Des efforts sont menés pour créer un nouveau tissu industriel faisant appel aux industries de pointe comme les biotechnologies et l'électronique dans la région de Charleroi.
☐ En pleine expansion, la Flandre veut jouer, avec Bruxelles, le rôle de locomotive pour l'économie du pays. La société SIDMAR a implanté un complexe sidérurgique sur l'eau, à Gand-Zelzate. Concentrés surtout en Flandre, la fabrication et le montage en 1998 de 1,1 million de véhicules automobiles de marques étrangères comme General Motors, Ford, Volvo et Renault font de la Belgique le 1er producteur mondial d'automobiles par habitant ! Enfin, l'estuaire de l'Escaut et Anvers regroupent une activité industrielle intense : raffineries de pétrole, complexes chimiques, industries électroniques et mécaniques.

L'ÉCONOMIE

■ Les régions économiques

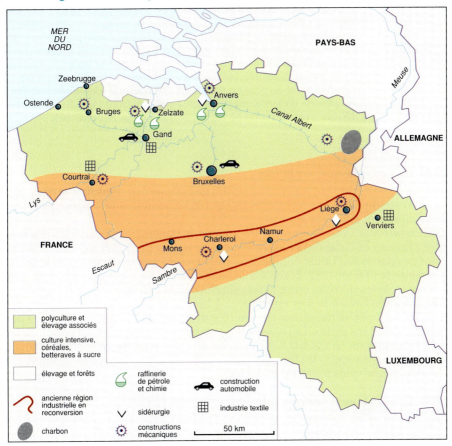

■ Le commerce extérieur (1998)

(en milliards d'écus)

IMPORTATIONS

148,8

- Machines et matériel électrique : 17%
- Matériel de transport : 13%
- Produits chimiques : 9,5%
- Produits miniers : 9%

EXPORTATIONS *(en milliards d'écus)*

- Matériel de transport : 16%
- Métaux : 11,5%
- Produits chimiques : 11%
- Machines : 11%

159,5

■ Les grandes agglomérations (1993)

Bruxelles	1 850 000 hab.*
Anvers	470 000 hab.
Gand	232 000 hab.
Charleroi	208 000 hab.
Liège	200 000 hab.
Bruges	117 000 hab.
Namur	104 000 hab.
Schaerbeek	102 000 hab.
Mons	92 000 hab.
Anderlecht	88 000 hab.

* 1996

Le Danemark

CADRE GÉNÉRAL
LES QUINZE
POLITIQUE
ÉCONOMIE
SOCIÉTÉ
INTERNATIONAL

> Le royaume de Danemark a été le premier des États scandinaves à appartenir à l'Union européenne ; il fait partie de la CEE depuis 1973. Il offre l'image d'un pays démocratique, actif et prospère, dont les habitants jouissent du niveau de vie le plus élevé de l'Europe des Quinze, d'un haut degré de protection sociale assurée par l'État, dans une société relativement égalitaire. À l'instar de la population des autres pays industriels, les Danois, à 85 % citadins, sont de plus en plus âgés : en raison d'une faible natalité, les plus de 65 ans seront bientôt aussi nombreux que les moins de 15 ans (respectivement 15,4 % et 17 % de la population).

■ Un pays marqué par la mer

☐ La presqu'île du Jutland représente les 2/3 de la superficie. Plus de 400 îles constituent le reste du pays. Les frontières terrestres se limitent à 68 km, tandis que les côtes s'allongent sur 7 314 km.

☐ De l'empire maritime conquis par les Vikings, le Danemark conserve les îles Féroé (entre l'Écosse et l'Irlande) et le Groenland, mais ces deux territoires autonomes ne font pas partie de l'Union européenne : le premier a refusé d'y entrer et le second est sorti de la CEE en 1982. Établi sur le Skagerrak, le Kattegat et le Sund, le Danemark contrôle les détroits entre la mer du Nord et la Baltique.

☐ Les activités liées à la mer continuent à tenir une place de premier plan dans l'économie. La pêche danoise arrive en tête des pays de l'Union européenne pour l'importance de ses prises. Le Danemark se classe au 3e rang mondial pour la valeur de ses exportations. Quant à la flotte marchande, bien équipée en porte-conteneurs, elle excède de beaucoup les besoins nationaux ; elle offre de nombreux emplois et procure d'abondantes recettes en devises.

■ Une économie performante

☐ Les plaines et les collines argileuses et sableuses modelées par les glaciers sont mises en valeur de manière intensive par une paysannerie qualifiée : la SAU (surface agricole utile) occupe 65,4 % du territoire. Les exploitations agricoles d'une taille moyenne de 32 ha, et dont les 9/10 sont en faire-valoir direct, emploient 5,2 % de la population active. Elles disposent d'équipements de haute technicité et participent d'un puissant système coopératif. Elles sont essentiellement tournées vers les produits de l'élevage, dont proviennent 80 % de leurs revenus.

☐ L'industrie est orientée vers les productions à forte valeur ajoutée. Parmi les branches les plus importantes, on notera les machines-outils et les machines agricoles, les constructions électriques et électroniques, les produits pharmaceutiques. Les industries agro-alimentaires, avec des sociétés bien connues comme les brasseries Carlsberg et Tuborg, emploient 15 % de la main-d'œuvre et fournissent 33 % du chiffre d'affaires du secteur industriel.

■ Une économie ouverte sur l'extérieur

Le Danemark exporte 25 % de sa production agricole et 40 % de sa production industrielle. Plus de 55 % de son commerce extérieur est réalisé avec les pays de l'Union.

L'ÉCONOMIE

■ Les régions économiques

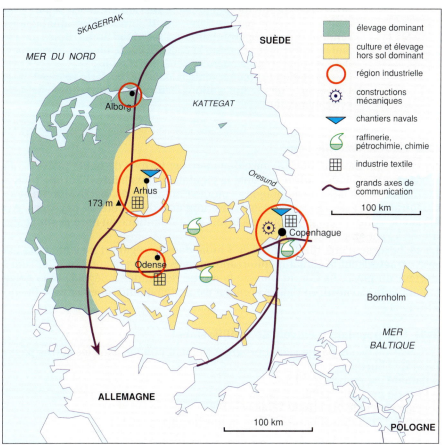

■ Le commerce extérieur (1998)

(en milliards d'écus)

IMPORTATIONS

41,3

Équipement industriel et de transport : 30,1%
Produits manufacturés : 33,4%
Produits alimentaires et animaux : 12,2%
Combustibles minéraux : 4,6%

EXPORTATIONS *(en milliards d'écus)*

Produits alimentaires et animaux : 25,2%
Équipement industriel et de transport : 26,7%
Produits chimiques et dérivés : 10%

43,4

■ Les grandes agglomérations (1992)

Copenhague	1 342 000 hab.
Århus	609 000 hab.
Odense	180 000 hab.
Ålborg	155 000 hab.

CADRE GÉNÉRAL
LES QUINZE
POLITIQUE
ÉCONOMIE
SOCIÉTÉ
INTERNATIONAL

L'Espagne (1)

> Deuxième État d'Europe par la superficie, l'Espagne constitue la principale partie de la péninsule ibérique. Elle est séparée du reste de l'Europe par les Pyrénées. D'autres reliefs montagneux rendent difficile la circulation à l'intérieur du territoire. Le climat méditerranéen domine la majeure partie du pays, avec cependant de nombreuses nuances selon les régions.
> La population est jeune, mais la natalité, en forte régression, et l'espérance de vie qui s'allonge entraînent le vieillissement de cette population.

Un relief montagneux

☐ Au centre du pays la Meseta, massif ancien, est formée de hauts plateaux. Édifiée dans cette région, Madrid est ainsi la capitale la plus haute d'Europe (668 m). L'alternance de chaînes de montagnes – monts Cantabriques, sierra Morena et sierras Centrales – et de vallées fluviales offre une grande variété de paysages. Avec 3 900 km de côtes, l'Espagne s'ouvre à la fois sur l'Atlantique au nord et sur la Méditerranée à l'est et au sud.

☐ La sécheresse d'été, qui peut durer 8 mois dans la région d'Alicante et la luminosité caractérisent le climat méditerranéen, mais les hivers sont longs et rudes à l'intérieur du pays : ils durent plus de la moitié de l'année à Ségovie et la neige y est abondante. Au nord, en Galice, le climat est nettement marqué par les influences atlantiques.

Une population en voie de vieillissement

La population de l'Espagne vieillit progressivement comme dans les autres pays de l'Ouest de l'Europe.
– la natalité est en baisse : 9 ‰ ;
– le taux de mortalité faible : 9 ‰ ;
– et l'espérance de vie atteint 78 ans en 1998.
Néanmoins 7 millions d'habitants ont moins de 15 ans.

Évolution de la population globale 1970-2000 (en millions)

1970 : 33	1988 : 39	1994 : 39,2
1980 : 37	1990 : 39	2000 : 41*

* estimation.   Source : *Images économiques du monde 1994-1995*, SEDES.

Une urbanisation croissante

☐ De plus en plus d'Espagnols vivent dans les villes, 66 % en 1970, 78 % en 1993.
☐ Excepté l'agglomération de Madrid, l'intérieur du pays se dépeuple. La population émigre des régions pauvres comme la Galice ou l'Estrémadure vers les périphéries de la péninsule (Pays basque, Catalogne) et les grandes villes.
☐ Le réseau urbain est équilibré, avec deux grandes métropoles – Madrid et Barcelone – et d'autres agglomérations importantes, à l'intérieur des terres comme Saragosse, au nord ou Séville, au sud.

LE RELIEF DE LA PÉNINSULE IBÉRIQUE

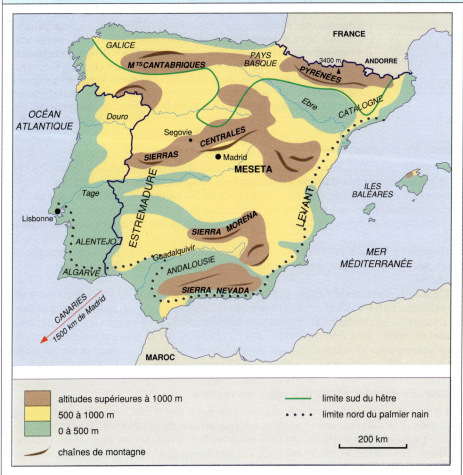

■ Les disparités régionales

PIB/hab.*	Régions
Supérieur à 110 %	Baléares – La Rioja – Catalogne – Aragon – Navarre – Madrid
De 100 à 110 %	Valence – Pays basque – Canaries
De 90 à 100 %	Cantabrie – Asturies
Moins de 90 %	Andalousie – Murcie – Castille – León – Estrémadure – Castille – Manche – Galice

* moyenne nationale : 100 %.

Sources : Banco de Bilbao et Fundación FIES, 1988.
Le Monde, Dossiers et Doc. n° 172, janvier 1990.

CADRE GÉNÉRAL
LES QUINZE
POLITIQUE
ÉCONOMIE
SOCIÉTÉ
INTERNATIONAL

L'Espagne (2)

> Longtemps repliée sur elle-même, l'Espagne, à partir des années 60, est passée d'un système économique attardé à une économie ouverte et en pleine expansion. D'un dynamisme remarquable (son rythme de croissance est le plus élevé d'Europe), l'économie espagnole surmonte difficilement les déséquilibres du budget et de la balance commerciale ainsi que l'inflation. Le taux de chômage atteint 17,3 % de la population active.

▬▬▬ Un développement économique spectaculaire

☐ Il repose essentiellement sur une industrialisation rapide, favorisée par les capitaux apportés par les travailleurs espagnols émigrés en Europe et par les rentrées massives de devises liées au tourisme (plus de 50 millions de visiteurs par an). Les apports étrangers sont très importants aussi bien dans le domaine des capitaux que dans celui de la technologie : les investissements ont été multipliés par 8 depuis 1979.

☐ L'accent a été mis sur l'équipement du pays : industries de base (sidérurgie, chimie), matériel de transport (automobile, construction navale) et réseau routier moderne.

☐ L'évolution est aussi rapide dans l'agriculture : la valeur de la production a plus que doublé entre 1975 et 1991, et les plaines irriguées couvertes de riches cultures (les *huertas*) permettent l'exportation d'huile, de vin, de primeurs et d'agrumes. Mais cet essor, lié à une ouverture sur l'extérieur, ne va pas sans difficultés : des restructurations industrielles sont imposées par la crise mondiale et un cinquième de la population active est au chômage (30 % en Andalousie, 18 % en Catalogne).

▬▬▬ De grandes disparités entre les régions

☐ La supériorité, déjà ancienne, du Nord du pays sur le Sud est toujours fortement marquée. Par ailleurs, on observe un déplacement de la prospérité vers l'Est.

☐ L'Espagne du Nord appartient déjà au groupe des régions les plus développées en Europe : la Catalogne, au 1er rang de l'Espagne, fournit 20 % du PIB, grâce au pôle industriel barcelonais, mais aussi grâce à l'agriculture et au tourisme. Le Levant valencien la prolonge au sud : Valence est devenue une métropole régionale importante. En fait, le dynamisme de cet ensemble constitué de la Catalogne, du pays valencien, de l'Aragon et des Baléares est lié à une ouverture sur la Méditerranée, à des traditions de travail et d'activités mercantiles et à l'afflux du tourisme.

☐ La région de Madrid se développe également ; elle bénéficie de sa position centrale et du poids de la capitale.

☐ À l'inverse des régions en croissance, l'Espagne rurale et profonde continue à voir se creuser écarts et déséquilibres. C'est le cas d'une partie de l'Andalousie et surtout de l'Estrémadure, où les revenus agricoles restent faibles et où l'exode rural se poursuit. Quant aux régions du Nord-Ouest (Pays basque, Galice), dont l'essor était fondé sur le charbon, la sidérurgie et la construction navale, elles traversent une crise de reconversion liée aux difficultés de ces industries traditionnelles.

☐ La nouvelle organisation du pays en « communautés autonomes » donne des pouvoirs plus étendus aux régions. Celles-ci vont peut-être ainsi être stimulées dans la recherche de leur propre développement.

L'ÉCONOMIE

■ Les régions économiques

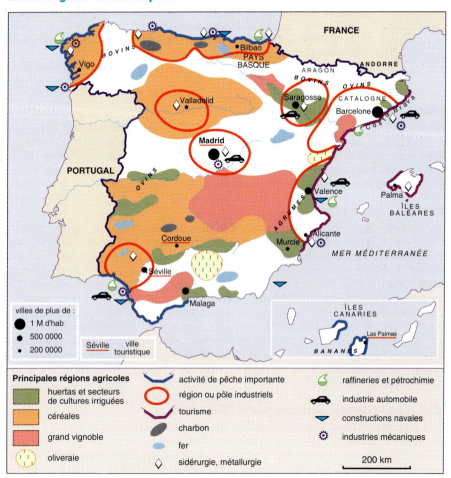

Principales régions agricoles
- huertas et secteurs de cultures irriguées
- céréales
- grand vignoble
- oliveraie

- activité de pêche importante
- région ou pôle industriels
- tourisme
- charbon
- fer
- sidérurgie, métallurgie

- raffineries et pétrochimie
- industrie automobile
- constructions navales
- industries mécaniques

villes de plus de :
- 1 M d'hab
- 500 000
- 200 000

Séville — ville touristique

200 km

■ Le commerce extérieur (1998)

(en milliards d'écus)

IMPORTATIONS 111,6
- Biens d'équipement : 23%
- Véhicules : 12%
- Produits chimiques : 12%

EXPORTATIONS 93,3 *(en milliards d'écus)*
- Véhicules : 23%
- Biens d'équipement : 16%
- Produits agricoles : 15%

■ Les grandes agglomérations (1991)

Madrid	4 581 000 hab.*
Barcelone	1 653 000 hab.
Valence	777 000 hab.
Séville	683 000 hab.
Saragosse	614 000 hab.
Málaga	525 000 hab.
Bilbao	372 000 hab.

* 1996

CADRE GÉNÉRAL
LES QUINZE
POLITIQUE
ÉCONOMIE
SOCIÉTÉ
INTERNATIONAL

La Finlande

La Finlande fait partie du groupe des pays nordiques avec la Suède, la Norvège et l'Islande. S'étendant sur 338 000 km² et peuplée de 5,2 millions d'habitants, elle dispose, en 1998, d'un PIB de 21 659 dollars par habitant et par an, ce qui la situe juste devant le Royaume-Uni dans l'Europe des Quinze.

■ L'originalité finlandaise

Possession suédoise puis russe, la Finlande devient indépendante en 1917. Engagée dans la Seconde Guerre mondiale contre l'URSS puis aux côtés de l'Allemagne, elle se trouve après 1945 fortement influencée par son voisin soviétique. La Finlande conserve cependant sa neutralité et une démocratie de type occidental. Elle rejoint l'Union européenne en 1995 après le vote favorable de 57 % des Finlandais.

■ Un pays rude

☐ Avec l'Islande, la Finlande est le pays le plus septentrional du monde : près du tiers de son territoire se situe au-delà du cercle polaire. En Laponie finlandaise, la neige recouvre le sol de septembre à mai et les températures de − 30 °C sont fréquentes. Après une longue nuit hivernale, le soleil reste au-dessus de l'horizon durant 73 jours, vers 70° de latitude nord. Toundra et tourbières y dominent. Elles sont relayées vers le sud par la forêt de conifères, qui recouvre 65 % du pays.
☐ Le bouclier scandinave, composé de roches anciennes, a été soulevé au nord où il forme le plateau finlandais. Les 2/3 du pays sont constitués de plaines le plus souvent inférieures à 200 m d'altitude. Les moraines déposées par les glaciers quaternaires ont entraîné la formation de quelque 60 000 lacs qui occupent plus de 9 % du territoire et forment des trouées dans la forêt. En avant d'un littoral très découpé, on trouve environ 30 000 îles.

■ Une économie dominée par la filière bois

☐ Les industries liées à la filière bois sont les plus anciennes et encore les plus répandues. Abattus en hiver par les bûcherons-paysans, les arbres sont acheminés en énormes radeaux vers les lieux de traitement. Le travail du bois (produits de la scierie, contreplaqué, meubles...) et la transformation chimique (pâte à papier, cellulose, papier...) constituent les deux volets de la filière bois, qui occupe directement plus de 100 000 personnes. Les usines à papier finlandaises sont les plus propres du monde.
☐ En dehors des activités de la filière bois, les principales industries se regroupent dans le sud autour d'Helsinki et de Turku : construction navale spécialisée (brise-glace, plates-formes de forage...), équipements pour le travail du bois, matériels électriques et électroniques...
☐ Un peu moins de 10 % de la superficie totale du pays sont disponibles pour l'agriculture. Les plantes fourragères en occupent les 2/3. Une place importante est donnée à l'élevage laitier dans un pays gros consommateur de beurre et de fromage.
☐ En dépit de la présence d'activités dynamiques, l'économie finlandaise connaît une baisse régulière de sa production totale depuis 1990 et sa monnaie, le markka, est en constante dévaluation. En 1999, le chômage atteint 10,6 % de la population active.

L'ÉCONOMIE

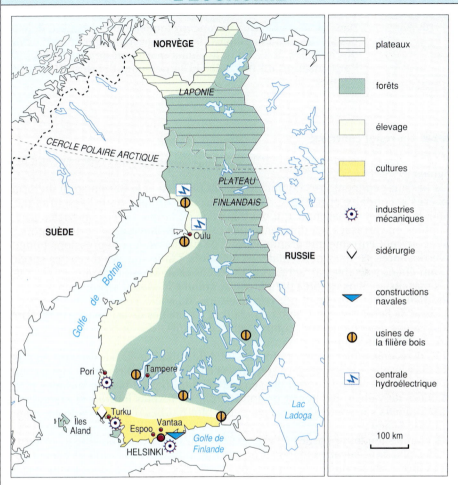

■ Le commerce extérieur (1998)

(en milliards d'écus)

IMPORTATIONS

29,3
- Constructions mécaniques et électriques : 38,5%
- Biens de consommation : 14%
- Énergie : 13,5%

EXPORTATIONS *(en milliards d'écus)*
- Filière bois : 38,5%
- Constructions mécaniques et électriques : 27,5%
- Métallurgie : 10,5%

38,8

■ Les grandes agglomérations (1992)

Helsinki	1 000 000 hab.
Espoo	179 000 hab.
Tampere	175 000 hab.
Turku	160 000 hab.
Vantaa	159 000 hab.
Oulu	103 000 hab.

La France (1)

Dans cette région de l'Europe profondément humanisée depuis des siècles et où la plupart des paysages témoignent de l'action des hommes, le relief et le climat marquent de leur empreinte l'organisation du territoire et la personnalité des différentes régions.

■ Un relief contrasté

☐ Les plaines et bas plateaux appartiennent à plusieurs grands types suivant leurs origines :
– les bassins sédimentaires comme le Bassin parisien et le Bassin aquitain formés aux ères secondaire et tertiaire. Ces bassins sont drainés pour l'essentiel par la Seine, la Loire et la Garonne, qui ont aménagé de larges vallées alluviales parfois sculptées en terrasses. La différence des roches sédimentaires et des dépôts qui les recouvrent entraîne une grande variété de paysages. Aux dépressions humides et verdoyantes s'opposent les plateaux calcaires, tandis que sur de vastes surfaces se sont étalés les sables arrachés aux Pyrénées et au Massif central ;
– les massifs anciens rabotés par l'érosion, comme le Massif armoricain ;
– les plaines d'effondrement nées des cassures du socle, comme l'Alsace entre les Vosges et la Forêt Noire, le Couloir rhodanien, les plaines de la Limagne et du Forez ;
– les plaines d'accumulation, comme celles du Languedoc et du Roussillon en bordure de la Méditerranée et d'Aléria en Corse.

☐ Les deux ensembles montagneux résultent de l'histoire de la formation du relief :
– les massifs anciens aplanis puis soulevés et cassés lors du plissement alpin, comme les Vosges et le Massif central. Ils se caractérisent par de hautes surfaces planes entaillées de vallées étroites et profondes, par les formes lourdes et arrondies de leurs sommets surmontées parfois par celles plus hardies d'anciens volcans, comme le puy de Sancy ;
– les chaînes jeunes apparues à l'ère tertiaire ; le Jura, où se succèdent, d'ouest en est, des plateaux calcaires disposés en gradins, puis des plis réguliers faisant alterner monts et vaux coupés de cluses ; les Pyrénées et les Alpes, dont les hauts sommets déchiquetés sont séparés par de larges vallées modelées autrefois par les glaciers.

■ Quatre types de climat

☐ Le climat océanique recouvre près des 2/3 du pays. Il est caractérisé par sa douceur, son humidité et la prédominance des vents d'ouest. Il présente plusieurs nuances : bretonne, avec des hivers doux, des pluies fines, flamande, plus froide, aquitaine, plus chaude et plus lumineuse, parisienne, avec des amplitudes thermiques plus fortes.
☐ Le climat semi-continental s'étend sur l'Est du pays. Il est marqué par des hivers froids et des étés orageux.
☐ Le climat méditerranéen, limité au pourtour de la Méditerranée, se distingue par son ensoleillement, ses étés chauds et secs.
☐ Le climat de montagne est caractérisé par le froid, l'accroissement du volume des précipitations et les contrastes liés à l'orientation des versants.

LES DONNÉES PHYSIQUES

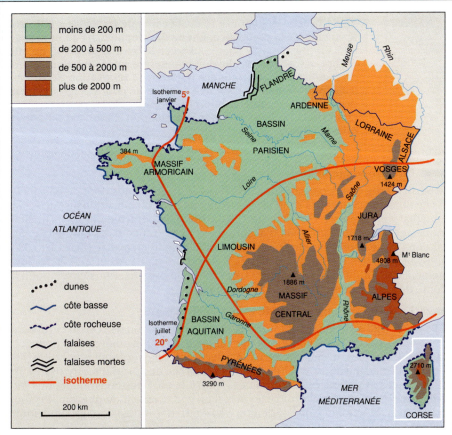

■ Un carrefour climatique

Stations Altitudes		J	F	M	A	M	J	J	A	S	O	N	D	année
Brest 17 m	T °C	6,1	5,8	7,8	9,2	11,6	14,4	15,6	16	14,7	12	9	7	10,8
	Pmm	133	96	83	69	68	56	62	80	90	104	138	150	1 129
Chamonix 1 040 m	T °C	− 2,3	− 2,1	0	5,4	10,3	12	15,4	15,4	11,2	6,8	1,5	− 3,3	5,8
	Pmm	109	103	79	74	98	129	123	140	108	96	112	98	1 269
Strasbourg 144 m	T °C	0,4	1,5	5,6	9,8	14	17,2	19	18,3	15,1	9,5	4,9	1,3	9,7
	Pmm	39	33	30	39	60	77	77	80	58	42	41	31	607
Nice 12 m	T °C	7,5	8,5	10,8	13,3	16,7	20,1	22,7	22,5	20,3	16	11,5	8,2	14,8
	Pmm	68	61	73	73	68	35	20	27	77	124	129	107	862

CADRE GÉNÉRAL
LES QUINZE
POLITIQUE
ÉCONOMIE
SOCIÉTÉ
INTERNATIONAL

La France (2)

Après la crise des années 70-80, l'économie française a retrouvé le chemin de la croissance. Elle se développe dans un espace de plus en plus ouvert. Pour conserver le 5e rang mondial, qu'elle occupe actuellement, elle doit poursuivre son adaptation au prix de nombreuses et profondes mutations : rénovation des industries traditionnelles, essor des secteurs de pointe, regroupement des entreprises, amélioration de la productivité par l'accroissement de la recherche et par la formation d'une main-d'œuvre plus qualifiée.

Une économie mixte

Une particularité de l'économie française résidait dans le poids dont disposait l'État dans ce domaine. Son rôle s'exerçait par le moyen de la planification instaurée dans l'immédiat après-guerre (XIe Plan de 1994 à 1998), le contrôle sur les principales banques et les grands groupes d'assurances, sa présence dans l'industrie. Sans tenir compte de la production énergétique, où il régnait en maître (EDF-GDF), l'État employait 15 % des effectifs, réalisait 21 % du chiffre d'affaires et 27,4 % des investissements de l'industrie. Depuis 1993, une série de privatisations correspond à la volonté de l'État de se désengager de l'économie.

La première agriculture de l'Union européenne

☐ Elle occupe 22 % de la SAU et fournit 22 % de la production de l'Union européenne. Employant 5,9 % de la population active du pays, elle contribue au PIB pour 3,1 %. En quelques années, le secteur agricole a accompli une véritable révolution par le recours à la mécanisation, à l'utilisation des engrais, des produits phytosanitaires, des semences et des races sélectionnées. Ainsi, la part des consommations intermédiaires n'a cessé de s'accroître au prix d'un endettement de plus en plus lourd, tandis que la dépendance de l'agriculture à l'égard des industries agroalimentaires et du marché allait grandissant.

☐ À côté d'un petit nombre d'exploitations performantes, subsistent de nombreux exploitants en situation précaire mais dont le rôle s'avère de plus en plus indispensable au maintien de l'équilibre des espaces ruraux et à la défense du patrimoine naturel. Les prix garantis par la politique agricole commune s'inscrivent à la baisse depuis plusieurs années et les agriculteurs ont de plus en plus de difficultés pour atteindre les seuils de rentabilité.

Une économie post-industrielle

Le secteur tertiaire a vu ses effectifs gonfler pour atteindre 67 % de la population active tandis que ceux de l'industrie diminuaient (1,4 million d'emplois perdus par la seule industrie manufacturière entre 1974 et 1986). Le textile, la métallurgie, la construction automobile même ont été particulièrement touchés. Moins armée que ses concurrentes étrangères dans le secteur des biens de consommation comme l'électroménager, l'électronique grand public et dans celui de la machine-outil, l'industrie française réalise de belles performances dans l'aéronautique, les télécommunications, les moyens de transport à grande vitesse et l'agroalimentaire. Les exportations et les activités des filiales à l'étranger représentent une part importante du chiffre d'affaires des sociétés industrielles.

L'ÉCONOMIE

■ Les principales régions industrielles et agricoles

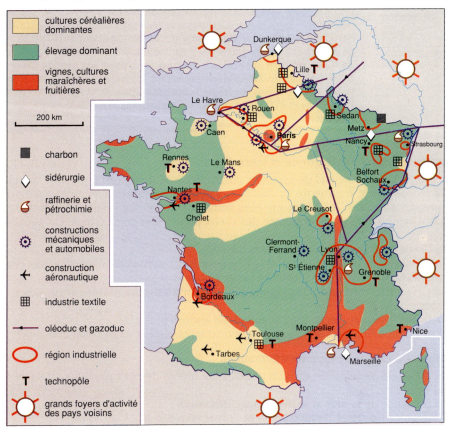

■ Le commerce extérieur (1998)

(en milliards d'écus) **IMPORTATIONS**

274,1

- Énergie et matières premières : 11,4%
- Produits agricoles et alimentaires : 12,2%
- Machines et matériel de transport : 34,7%
- Biens de consommation et équipement ménager : 20%

EXPORTATIONS *(en milliards d'écus)*

- Énergie et matières premières : 5,9%
- Produits agricoles et alimentaires : 16,7%
- Machines et matériel de transport : 38,9%
- Biens de consommation et équipement ménager : 17,6%

285,6

■ Les grandes agglomérations (1999)

Paris	10 562 000 hab.
Lyon	1 598 000 hab.
Marseille-Aix	1 398 000 hab.
Lille	1 108 000 hab.
Toulouse	917 000 hab.
Bordeaux	882 000 hab.
Nantes	674 000 hab.
Nice	557 000 hab.
Strasbourg	557 000 hab.
Grenoble	504 000 hab.
Rennes	484 000 hab.
Toulon	478 000 hab.
Rouen	470 000 hab.

CADRE GÉNÉRAL
LES QUINZE
POLITIQUE
ÉCONOMIE
SOCIÉTÉ
INTERNATIONAL

La Grèce (1)

Les montagnes occupent 80 % du territoire grec, ne laissant que peu de place aux petites plaines littorales ou intérieures. Moins important dans le Nord du pays, le morcellement s'accuse particulièrement dans les îles – plus de 2 000 –, qui constituent 20 % de la superficie du pays. La population, jeune, encore rurale à 24 %, se répartit surtout sur les littoraux, dans les grands foyers d'Athènes et de Thessalonique, et en Thessalie. Comme au Portugal, l'émigration est importante : les Grecs sont nombreux aux États-Unis et 320 000 d'entre eux travaillent actuellement en Allemagne.

Un relief montagneux et morcelé

☐ Située à l'extrémité sud de la chaîne dinarique, la péninsule grecque offre un relief très montagneux, fragmenté en blocs, aux pentes escarpées. Les côtes sont pour la plupart abruptes, les plaines le plus souvent étroites. Le point culminant est le mont Olympe (2 920 m), demeure des dieux pour les anciens Grecs. On peut distinguer :
– la Grèce occidentale, la plus montagneuse ;
– la Thessalie, la Grèce centrale et le Péloponnèse, toujours montagneux, aux côtes escarpées, qui possèdent plusieurs petites plaines ;
– la Grèce du Nord, aux montagnes plus massives et aux plaines littorales plus vastes ;
– la Grèce insulaire, où le morcellement est encore plus net.
☐ Les communications se heurtent aux obstacles posés par ce relief cloisonné.

Un climat de type méditerranéen

Les étés sont ensoleillés, chauds et secs, les hivers doux et pluvieux. Mais ce climat est nuancé par :
– la présence de la mer et le découpage des côtes ;
– l'influence du relief. Il neige souvent l'hiver en altitude ;
– l'exposition. L'Ouest, exposé aux vents, est beaucoup plus arrosé que l'Est (Corfou reçoit 1 365 mm d'eau par an, Thessalonique : 435 mm).
Par ailleurs, les étés sont moins secs au nord du pays qu'au sud.
S'il est attrayant pour les touristes, le climat se révèle rude pour les habitants.

Une population fortement concentrée

☐ La population se localise surtout sur l'axe Athènes-Thessalonique – le « croissant fertile » – et sur les littoraux tandis que l'intérieur du pays se dépeuple.
☐ Depuis le XIXe siècle, des Grecs émigrent en grand nombre, en particulier de Macédoine et des îles. Beaucoup se sont installés aux États-Unis puis en Australie ; d'autres, à la recherche d'emploi, émigrent temporairement pour travailler dans les pays riches de l'Union européenne.
☐ Ce mouvement provoque des mutations profondes, en particulier dans les campagnes.

RÉGIONS ET GRANDES VILLES

■ **Le relief de la Grèce**

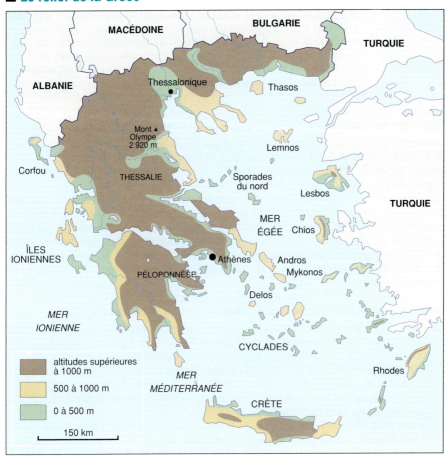

... 33 % de la population grecque vit à Athènes !... L'occupation des sols et l'urbanisme sont le produit d'un mouvement anarchique. La superficie réelle dépasse de loin la superficie légale de la ville, et l'État n'a cessé de légaliser après coup les constructions « arbitraires » d'industries, de logements, de quartiers entiers, sans qu'aucune norme soit respectée.
On dit que, vue de satellite, la région d'Athènes donne l'image d'un énorme rocher compact...
Il y a des quartiers de centaines de milliers d'habitants, comme Kallithea, où le total des espaces verts ne dépasse pas la superficie d'un square moyen d'un arrondissement de Paris...

Source : *Le Monde*, 1/08/87.

■ **Les grandes agglomérations (1990)**

Athènes	3 096 000 hab.
Thessalonique	977 000 hab.
Larissa	269 000 hab.
Héraklion	263 000 hab.
Patras	172 000 hab.
Cavalla	135 000 hab.

CADRE GÉNÉRAL
LES QUINZE
POLITIQUE
ÉCONOMIE
SOCIÉTÉ
INTERNATIONAL

La Grèce (2)

> Dans la Grèce antique, l'organisation de l'espace était très éclatée : dans les petites plaines entourées de montagnes, les cités s'étaient développées séparément, plus tournées vers la mer que vers l'intérieur. Aujourd'hui, il existe une organisation très centralisée et la région d'Athènes domine nettement le pays. De tous les États de l'Union européenne, la Grèce a le plus fort pourcentage de population active employée dans l'agriculture.

▪ Une agriculture en évolution, une industrialisation récente

☐ Les exploitations agricoles, de taille réduite et en général familiales, se modernisent. L'agriculture est de plus en plus spécialisée et de gros efforts ont été faits pour accroître la superficie cultivée du pays en drainant ou en irrigant. Les céréales occupent la plus grande partie de la SAU ; le tabac, les fruits et les légumes sont les principaux produits agricoles exportés vers les autres pays de l'Union européenne.

☐ Développée à partir des années 60, la grande industrie se trouve essentiellement concentrée autour d'Athènes et de Thessalonique. Elle est contrôlée par l'État ou par des groupes étrangers, américains comme Exxon pour les raffineries, ou européens comme Pechiney pour l'aluminium. L'industrie textile est financée par des capitaux grecs. À l'industrie moderne se juxtapose un important secteur artisanal à la fois diversifié et dispersé.

▪ Une économie dominée par les échanges et le tourisme

☐ La prépondérance du secteur tertiaire s'explique en partie par la vieille tradition grecque du négoce et de la navigation. Si la part des grandes surfaces est encore peu développée, le petit commerce est extrêmement répandu.

☐ En ce qui concerne le commerce extérieur, la Grèce pâtit de sa situation marginale dans l'Union européenne. L'essentiel des échanges s'effectue par mer. La flotte marchande des armateurs grecs est la 1re du monde mais seulement 40 % du tonnage naviguent sous pavillon hellénique.

☐ L'importance des services doit aussi beaucoup au tourisme : le nombre de visiteurs croît régulièrement. Pour une population de 10 millions d'habitants, la Grèce a accueilli 10,2 millions d'étrangers en 1997. Cette situation entraîne des transformations dans la vie économique et sociale. Le tourisme demeure une des premières sources de revenus pour le pays.

▪ Le poids de la région d'Athènes

☐ Capitale du pays, Athènes avec son port, Le Pirée, constitue la conurbation la plus importante de toute la Méditerranée orientale et, de loin, la 1re de Grèce : 33 % de la population y habitent. Sa croissance liée essentiellement à l'exode rural a été très rapide : elle ne comptait que 200 000 habitants au début du siècle. C'est le premier centre de consommation du pays et elle est au cœur de la région industrielle la plus active.

☐ Sa fonction de plaque tournante pour le tourisme renforce sa domination. Elle est reliée à Thessalonique, métropole de la Grèce du Nord, en pleine expansion, par une autoroute qui concentre l'essentiel du trafic marchand et industriel de l'intérieur du pays.

L'ÉCONOMIE

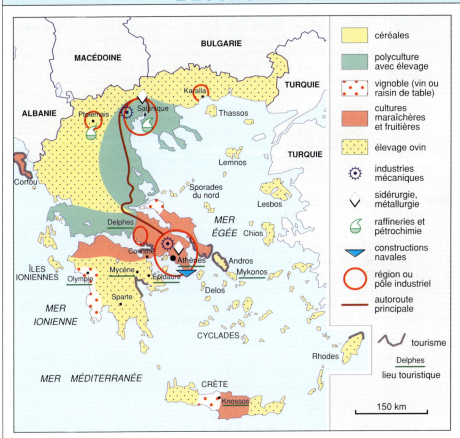

■ Le commerce extérieur (1998)

(en milliards d'écus) — **IMPORTATIONS**

23,1
- Machines et équipement de transport : 30%
- Articles manufacturés divers : 18%
- Produits chimiques : 10%

EXPORTATIONS *(en milliards d'écus)*

9,4
- Articles manufacturés divers : 60%
- Produits alimentaires : 20%
- Fuel et lubrifiants : 7%

■ Le nombre de touristes étrangers

Année	Nbre (millions)	Année	Nbre (millions)
1983	5	1992	8,7
1988	8,2	1997	10,2

■ La répartition de la population active en 1992

Secteur primaire	21,9 %
Secteur secondaire	25,4 %
Secteur tertiaire	52,7 %

Source : *Eurostat.*

45

CADRE GÉNÉRAL
LES QUINZE
POLITIQUE
ÉCONOMIE
SOCIÉTÉ
INTERNATIONAL

L'Irlande

L'île d'Irlande forme la pointe la plus avancée de l'Europe dans l'Atlantique : l'aéroport de Shannon a longtemps servi de relais à l'aviation européenne pour la grande traversée vers l'Amérique du Nord. La forte humidité apportée par l'influence océanique se traduit par la multiplicité des lacs (« loughs ») et des tourbières. Commencée dès le XVIe siècle, la conquête anglaise de cette île catholique a laissé des traces. Les 6 comtés du Nord, à majorité protestante, forment l'Ulster, toujours rattaché au Royaume-Uni. Depuis 1968 une guerre civile les déchire, marquée, entre autres, par le terrorisme de l'IRA, l'Armée républicaine irlandaise catholique. La paix commence à peine de s'installer en 1998.

La République d'Irlande : l'Eire

☐ Les 26 comtés du Sud, autonomes à partir de 1921, deviennent totalement indépendants en 1937 et prennent alors le nom d'Eire. L'Eire a gardé sa neutralité pendant la Seconde Guerre mondiale et a quitté le Commonwealth en 1948. Cependant, ses liens économiques avec le Royaume-Uni restent toujours forts et c'est avec lui que l'Irlande effectue la majeure partie de ses échanges.
☐ L'Eire est une démocratie parlementaire. La presque totalité de la population pratique le catholicisme ; le gaélique, langue celtique parlée encore par un million de personnes, reste la langue officielle, parallèlement à l'anglais.

Les particularités de la population

Avec une densité de 52 hab./km^2, l'Irlande est l'un des États les plus faiblement peuplés de l'Europe des Quinze. La terrible famine de 1845 fit mourir 1 habitant sur 10 dans un pays alors deux fois plus peuplé qu'aujourd'hui ; depuis lors, l'émigration a contribué encore au dépeuplement. Pourtant, la fécondité reste élevée et la population irlandaise est la plus jeune de l'Union européenne avec 44 % de moins de 25 ans ; l'émigration continue cependant vers la Grande-Bretagne et les États-Unis.

Un pays rural en voie d'industrialisation

☐ L'agriculture occupe encore une place importante dans l'économie en employant près de 1/6 de la population active et en fournissant plus de 1/3 de la valeur des exportations. Elle se spécialise très nettement dans l'élevage : il y a plus de bovins que d'hommes en Irlande !
☐ L'industrialisation s'est accélérée dans une période récente. À côté des industries agro-alimentaires (brasserie Guinness…), les activités se sont diversifiées (biens de consommation, industries de pointe) grâce en particulier aux investissements étrangers attirés par le gouvernement : britanniques, mais aussi américains et japonais qui utilisent le pays comme tête de pont vers le reste de l'Union européenne.
☐ L'essentiel de la richesse se concentre dans l'est du pays et Dublin rassemble 1/3 de la population. D'autre part, malgré les bénéfices procurés par le tourisme à la verte Érin, la situation demeure difficile, mais le taux de chômage a diminué fortement et le revenu par habitant progresse rapidement.

L'ÉCONOMIE

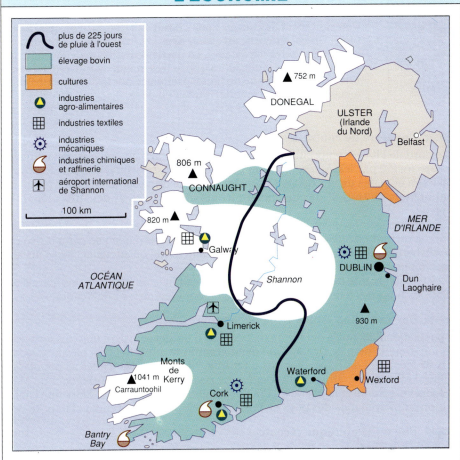

■ Le commerce extérieur (1998)

(en milliards d'écus)

IMPORTATIONS : 38
- Produits manufacturés : 75%
- Sources d'énergie : 6%

EXPORTATIONS *(en milliards d'écus)* : 58,4
- Produits manufacturés : 64%
- Produits alimentaires : 18%

■ Les grandes agglomérations (1992)

Dublin :	
Ville	503 000 hab.
Agglomération	1 100 000 hab.
Cork	133 000 hab.
Limerick	56 000 hab.
Dun Laoghaire	55 000 hab.
Galway	50 000 hab.

CADRE GÉNÉRAL
LES QUINZE
POLITIQUE
ÉCONOMIE
SOCIÉTÉ
INTERNATIONAL

L'Italie (1)

Contrairement aux autres États du sud de l'Europe, Espagne, Portugal, Grèce, entrés tardivement dans la CEE, l'Italie appartient au groupe des pays fondateurs. La partie septentrionale la soude à l'Europe continentale alors que la très longue péninsule avec sa forme caractéristique de botte, prolongée par la Sicile, contribue à couper le Bassin méditerranéen en deux.

■ Une terre de contrastes

☐ Le nord de l'Italie comprend la seule grande plaine du pays, celle du Pô, entourée de l'arc formé par les Alpes. Le fleuve, en déposant des alluvions, surélève sans cesse son lit et des digues doivent protéger la plaine de ses inondations. L'influence continentale se traduit par des hivers froids et brumeux et des étés chauds et orageux.
☐ Les montagnes forment l'épine dorsale de la péninsule et des îles ; les plaines côtières restent étroites et morcelées. Le climat méditerranéen se caractérise par une sécheresse d'été de plus en plus marquée vers le sud qu'atteignent les vents africains comme le sirocco.
☐ Les tremblements de terre, le volcanisme, la violence de l'érosion, les marais ont obligé les hommes à des travaux d'aménagement comme les bonifications.

■ Une évolution rapide de la population

La population italienne a doublé en un peu plus d'un siècle malgré une très forte émigration. Depuis peu, ce dynamisme démographique appartient au passé : avec un taux de fécondité de 1,3, le plus bas d'Europe, l'Italie voit désormais sa population vieillir. Les flux migratoires ont longtemps conduit de forts contingents de Méridionaux vers Rome et la plaine du Pô. Ils s'affaiblissent nettement, alors que l'immigration en provenance des pays en voie de développement prend de l'importance.

■ Une unité politique récente

☐ L'Italie est restée morcelée depuis la chute de l'Empire romain au Ve siècle après J.-C. jusqu'au milieu du XIXe siècle. L'unité s'est alors réalisée autour du royaume de Piémont-Sardaigne grâce à l'action d'hommes comme Cavour ou Garibaldi.
☐ Malgré le ciment formé par la tradition historique et la religion catholique, il reste des traces de cette longue division : les 20 régions qui constituent la République italienne possèdent un pouvoir important parallèlement à celui de l'État.

Le Vatican

C'est le plus petit État du monde (0,44 km²), peuplé de quelques centaines d'habitants. Le pape gouverne ce quartier de Rome. C'est le résultat des accords du Latran en 1929.

Saint-Marin

Ce petit État souverain (64 km², 25 000 hab.) forme une enclave sur le versant adriatique de l'Apennin. C'est la république la plus vieille du monde avec une constitution qui date de 1600.

LE RELIEF ET LE CLIMAT

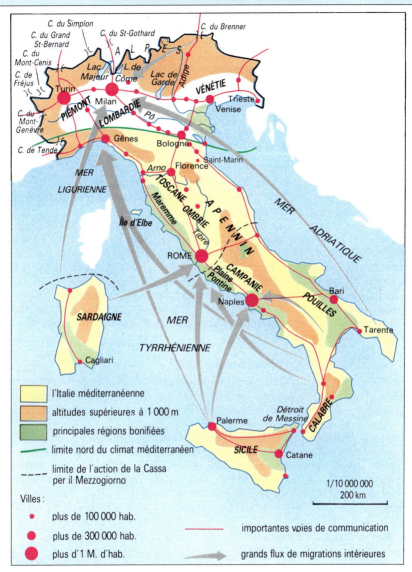

Les climats de Milan et Palerme

		J	F	M	A	M	J	J	A	S	O	N	D
Milan	T °C	1	4	8	13	17,5	21,5	24	23,5	19	13	6,5	4
	Pmm	62	57	71	86	98	82	71	80	87	120	107	77
Palerme	T °C	10	11	12,5	15	18	21,5	24,5	25	23	19,5	15	12
	Pmm	104	78	81	67	34	15	8	14	38	101	101	115

CADRE GÉNÉRAL
LES QUINZE
POLITIQUE
ÉCONOMIE
SOCIÉTÉ
INTERNATIONAL

L'Italie (2)

> L'image d'une Italie pauvre dont les habitants émigraient massivement a disparu. Cinquième puissance économique mondiale, l'Italie a même devancé le Royaume-Uni. Elle possède la 5e industrie du monde, occupe la 4e place dans le domaine du tourisme avec 37 millions de visiteurs étrangers en 1998. La rapidité de cet essor a permis de parler de « miracle italien » ; cela ne va pas toutefois sans certains déséquilibres que le pays n'est pas totalement parvenu à surmonter jusqu'ici.

■ Une économie dynamique

Au lendemain de la Seconde Guerre mondiale, l'agriculture employait 45 % des actifs contre à peine 8 % aujourd'hui. Dans le même temps, le secteur tertiaire a plus que doublé ses effectifs et il prédomine largement.

☐ Ces mutations spectaculaires se sont effectuées par à-coups. Après la phase du « miracle » (1950-1963) caractérisée par l'ampleur de l'industrialisation, l'Italie connaît les « années de plomb » aggravées par la crise pétrolière et marquées par l'inflation et la concurrence étrangère. La reprise s'est affirmée au cours des années 80 et la crise actuelle ne paraît pas affaiblir le dynamisme de l'économie.

☐ Cet essor a bénéficié, dans un premier temps, de l'abondance de la main-d'œuvre accentuée par l'exode rural, du rôle de l'État et de l'afflux de capitaux étrangers (États-Unis, Suisse…). Le renouvellement du tissu industriel et les capacités d'innovation ont ensuite favorisé la reprise.

■ Les caractères de l'économie italienne

☐ Les industries de transformation, les constructions mécaniques et électriques, la chimie et l'habillement forment les secteurs les plus actifs. Avec les produits du vignoble et des cultures maraîchères et fruitières, ils sont à l'origine d'un commerce extérieur important tourné vers le reste de l'Europe.

☐ À côté de la puissance des grandes sociétés publiques comme l'IRI (Institut pour la reconstruction industrielle) ou privées comme la FIAT, l'originalité de l'économie italienne tient à l'importance des PME, qui représentent 94 % du nombre des établissements et 47 % des emplois. S'y ajoute le poids de l'économie « souterraine » : activités non déclarées dans le cadre d'entreprises familiales, double emploi ou travail au noir.

■ Des sources de difficultés

☐ Le déséquilibre régional avec l'opposition entre la richesse du Nord et l'inégal développement du Sud, le Mezzogiorno.

☐ Le *mal governo*, qui se traduit par l'ampleur de la dette publique supérieure à la valeur annuelle du PIB, le clientélisme et l'action de la Mafia ou de la Camorra, l'état lamentable des télécommunications.

☐ La faiblesse dans certains domaines : biotechnologies, électronique, banques…
☐ La nécessité d'importer une part importante de l'énergie consommée.
☐ La lutte engagée dans le cadre de l'opération « mani pulite » (mains propres) contre la corruption témoigne, entre autres actions, d'une volonté de faire face à ces difficultés.

L'ÉCONOMIE

■ L'agriculture et l'industrie italiennes

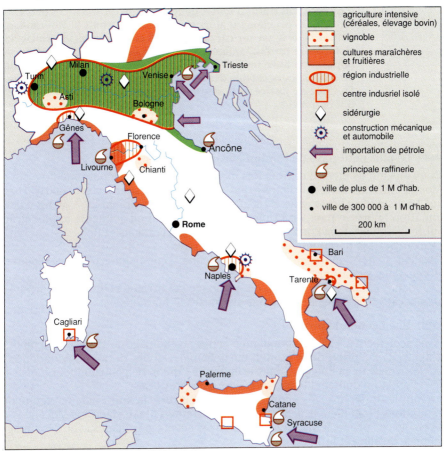

■ Le commerce extérieur (1998)

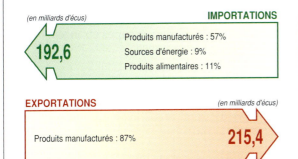

IMPORTATIONS
(en milliards d'écus)
192,6
- Produits manufacturés : 57%
- Sources d'énergie : 9%
- Produits alimentaires : 11%

EXPORTATIONS
(en milliards d'écus)
215,4
- Produits manufacturés : 87%

■ Les grandes agglomérations (1992)

Rome	2 800 000 hab.
Milan	1 450 000 hab.
Naples	1 200 000 hab.
Turin	1 000 000 hab.
Gênes	730 000 hab.
Palerme	720 000 hab.
Florence	430 000 hab.
Bologne	430 000 hab.
Catane	370 000 hab.
Bari	360 000 hab.
Venise	330 000 hab.

CADRE GÉNÉRAL
LES QUINZE
POLITIQUE
ÉCONOMIE
SOCIÉTÉ
INTERNATIONAL

Le Luxembourg

> Reconnu par le Congrès de Vienne en 1815, le Luxembourg n'obtient son statut d'État indépendant qu'en 1867. Les grandes puissances proclament alors sa neutralité. Depuis le Moyen Âge, ce petit pays est un carrefour actif au cœur de l'Europe. Sa richesse se traduit, aujourd'hui, par le haut niveau de vie de sa population avec un PIB par habitant de 34 536 dollars. La ville de Luxembourg est une des trois capitales de l'Europe des Quinze. La Cour de justice et la Banque européenne d'investissement y ont leur siège.

■ Le plus petit pays de l'Union européenne

☐ Deux fois moins étendu et trois fois moins peuplé que le département voisin de la Moselle, le Luxembourg ne couvre que 2 586 km^2, sur lesquels vivent 400 000 habitants. La densité au km^2 s'élève à 166. Les étrangers constituent 27 % du total de sa population ; c'est le pays de l'Union européenne qui en accueille le plus grand nombre. Viennent dans l'ordre : Portugais, Italiens, Français et Belges.
☐ Deux régions géographiques constituent le pays :
– l'Oesling, au nord, morceau du plateau ardennais, culminant à 565 m et recouvert de forêts dans sa plus grande partie ;
– le Gutland, le Bon Pays, au sud, qui prolonge la Lorraine sédimentaire avec ses plateaux calcaires et ses dépressions argileuses et marneuses.

■ Une économie prospère

☐ Avec seulement 2,9 % de la population active au chômage en 1998, le Luxembourg fait figure d'exception dans l'Union européenne. Depuis 1921, son économie est associée à celle de la Belgique dans le cadre de l'Union belgo-luxembourgeoise. En 1958, la création du Benelux élargit l'accord aux Pays-Bas.
☐ La moitié du territoire se consacre à l'agriculture, la superficie moyenne des exploitations étant d'environ 35 ha. Implanté sur les coteaux face à la Moselle et de plus en plus en plaine, le vignoble produit d'excellents vins blancs avec des cépages comme le Riesling et le Traminer.
☐ Pendant longtemps, la sidérurgie s'est développée à partir des mines de fer d'Esch-sur-Alzette. Aujourd'hui, la puissante société ARBED importe tout son minerai et ne produit plus que 2,5 Mt d'acier en 1998, le tiers de 1974 ! Le redéploiement lié à la crise a permis de renforcer les industries chimiques (pneumatiques et matières plastiques) et les constructions électriques. De nombreux groupes étrangers comme Goodyear et General Motors sont installés au Luxembourg.

■ Une grande place financière

☐ Le Luxembourg est une « plaque tournante » de capitaux. Plus de 100 banques et plus de 7 000 sociétés holdings gérant des participations financières dans d'autres entreprises sont implantées dans le pays. Les nombreux avantages fiscaux y attirent les étrangers. Les banques allemandes contrôlent la moitié des capitaux bancaires du Luxembourg.
☐ Le rôle européen, la tradition du secret bancaire et la stabilité politique et sociale expliquent l'importance de la place financière luxembourgeoise.

L'ÉCONOMIE

■ L'économie luxembourgeoise

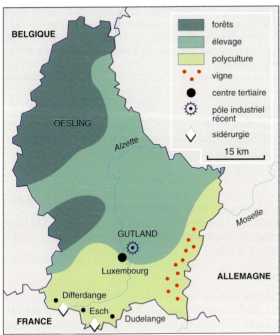

Le « paradis fiscal » luxembourgeois :
- pas d'impôt sur les dividendes des holdings ;
- pas de prélèvement sur les coupons versés aux actionnaires étrangers ;
- pas d'impôt pour les résidents étrangers ;
- pas de taxe sur les transactions boursières ;
- pas de TVA sur les ventes d'or ;

... mais les banques luxembourgeoises paient des impôts sur les bénéfices.

■ Une place financière internationale (cent établissements bancaires)

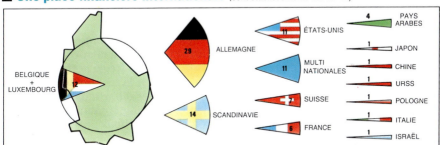

■ Le commerce extérieur (1993)

(en milliards d'écus)

IMPORTATIONS
Équipements électriques : 18%
Métaux : 15%
Matériel de transport : 12,5%

6,3

EXPORTATIONS   (en milliards d'écus)
Métaux : 32,5%
Équipements électriques : 15%
Plastiques : 13%

5,7

■ Les grandes agglomérations (1991)

Luxembourg	123 000 hab.
Esch-sur-Alzette	24 000 hab.
Differdange	16 000 hab.
Dudelange	15 000 hab.

- CADRE GÉNÉRAL
- **LES QUINZE**
- POLITIQUE
- ÉCONOMIE
- SOCIÉTÉ
- INTERNATIONAL

Les Pays-Bas (1)

L'histoire des Pays-Bas est marquée au XVIIe siècle par le développement de la marine, du commerce et des colonies mais aussi par de nombreuses guerres qui remettent en cause l'essor économique. Mais l'histoire des Pays-Bas, c'est aussi celle de la lutte constante des hommes pour conquérir des terres et les protéger des inondations marines.

■ Un pays conquis sur la mer

☐ Un peu plus de 25 % du territoire des Pays-Bas sont situés au-dessous du niveau de la mer tel qu'il est défini par les Néerlandais : le niveau moyen des mers à marée haute. Le pays doit être protégé en permanence par un réseau de dunes et de digues.
☐ Deux grands travaux marquent le XXe siècle :
– l'assèchement du Zuiderzee : la construction d'une digue de 30 km de long, qui sert aussi de route, a permis d'isoler une vaste étendue d'eau douce de 120 000 ha, le lac d'Ijssel. À l'intérieur, 4 grands polders sont déjà asséchés et aménagés ;
– le plan Delta : mis en place à la suite du raz de marée de 1953 (1 850 morts), il permet, par la construction de digues et de barrages antitempête, de protéger les basses vallées du Rhin, de la Meuse et de l'Escaut.

■ Une agriculture intensive

☐ En raison de l'importance des bois, des lacs, des dunes et des espaces occupés par les agglomérations et les voies de communication, la SAU (surface agricole utile) ne couvre que 54 % du territoire. Les productions animales représentent les 2/3 des revenus de l'agriculture avec notamment le troupeau des vaches laitières frisonnes pis noir. 35 % de la SAU sont réservés aux grandes cultures et 6 % aux cultures maraîchères et florales. Les champs de tulipes de la région de Haarlem sont célèbres dans le monde entier.
☐ L'agriculture néerlandaise est particulièrement intensive comme en témoignent les rendements en blé : 70 quintaux à l'hectare. Elle le doit à la spécialisation des exploitations et à leurs techniques culturales performantes (réglage électronique de la climatisation dans les serres…), au développement de la recherche et à la haute qualification des agriculteurs : il existe plus de 60 écoles d'horticulture !
☐ La nécessité d'assurer un drainage permanent pour éviter la salinisation des eaux et la faible taille moyenne des exploitations constituent les deux problèmes majeurs de l'agriculture néerlandaise.

■ Une invention hollandaise : le marché au cadran (le *veiling*)

Les 50 marchés au cadran sont des coopératives de commercialisation qui assurent la vente de 90 % des fruits et légumes et de 80 % des fleurs. Les enchères sont décroissantes et les producteurs fixent un prix de vente minimum : pour chaque lot, l'aiguille du cadran est placée au départ sur le prix maximum. Puis elle commence sa course vers des prix décroissants jusqu'au moment où un client décide d'acheter en faisant pression sur une touche placée sur son pupitre. L'achat est immédiatement enregistré. Les 50 marchés au cadran sont reliés entre eux par télex et par un réseau informatique. 40 % des fleurs du marché français de Rungis y sont achetés.

CONSTRUIRE DES POLDERS

■ L'aménagement du Zuiderzee

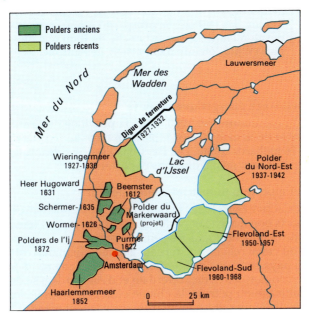

■ Un peu d'histoire

Dans les temps les plus reculés, les Frisons construisaient des monticules pour y installer leurs habitations. À partir du Xe siècle et pendant 200 ans, on assiste à une montée du niveau de la mer qui remet en cause le travail des hommes. Aussi, dès le XIIe siècle, les habitants se groupent-ils dans des associations appelées Wateringues pour lutter contre la mer et reconquérir les terres ; ils construisent des digues et évacuent les eaux à l'aide de techniques de plus en plus perfectionnées : force animale, moulins à vent, machines à vapeur, puis pompes Diesel et électriques. Au cours des siècles, les Hollandais sont devenus de grands spécialistes de la construction des polders. Des pays comme la France et la Grande-Bretagne ont notamment fait appel à leur savoir-faire.

■ Comment assèche-t-on un polder ?

La première opération consiste à entourer l'espace à assécher de digues en terre. À l'intérieur du périmètre, on installe des stations de pompage. Une ceinture de canaux est creusée. À la fin du pompage, le fond du polder reste encore inaccessible à l'homme : il apparaît comme une immense étendue de vases, de boues et de plaques d'eau. On y sème des roseaux par avion afin de permettre la consolidation du sol et d'éviter les mauvaises herbes. Après plusieurs années, les roseaux sont récoltés ou brûlés. Lorsque le sol est devenu plus stable, il faut creuser des rigoles. Des drains en grès ou en matière plastique sont posés dans les rigoles : si l'on mettait bout à bout ceux du Flevoland-Est, ils feraient le tour de la terre ! Les opérations d'assèchement de ce polder ont duré 7 ans.

CADRE GÉNÉRAL
LES QUINZE
POLITIQUE
ÉCONOMIE
SOCIÉTÉ
INTERNATIONAL

Les Pays-Bas (2)

> Avec 387 hab./km², les Pays-Bas sont le pays le plus densément peuplé de l'Union européenne. Le PIB par habitant le situe au 8ᵉ rang des Quinze. Sa prospérité repose principalement sur sa position maritime, au débouché du Rhin et d'un arrière-pays de plus en plus étendu à l'intérieur de l'Europe.

▰▰ L'indépendance énergétique du pays

La découverte du gaz naturel, en 1960, dans la province de Groningue et dans la partie néerlandaise de la mer du Nord, place le pays au 5ᵉ rang des producteurs mondiaux avec 76 milliards de m³. Les Pays-Bas assurent désormais leur indépendance énergétique et sont même devenus exportateurs.

▰▰ Un développement industriel contemporain

☐ L'essentiel des activités se localise dans les régions portuaires grâce à la présence de transports bon marché et performants, d'une main-d'œuvre abondante et bien formée, et de débouchés pour les productions.
☐ À l'extrémité du canal reliant Amsterdam à la mer, Ijmuiden est le grand centre sidérurgique du pays avec une production annuelle d'environ 6 Mt d'acier. Dans les zones industrialo-portuaires de Rotterdam et d'Amsterdam se développent principalement le raffinage du pétrole, la chimie et la pétrochimie, les constructions électriques et électroniques et les industries agroalimentaires.
☐ Amsterdam est, par ailleurs, la première place financière du pays. C'est là que fut créée, en 1611, la première Bourse des valeurs mobilières du monde. Aujourd'hui, les transactions boursières atteignent un peu plus de la moitié de celles de Paris.

▰▰ Rotterdam, premier port du monde

Avec un trafic de 315 Mt, Rotterdam est le premier port du monde. Situé au débouché du Rhin et de la grande région industrielle de la Ruhr, le port est en relation avec l'Europe orientale depuis l'achèvement de la liaison Rhin-Danube. Accessible aux pétroliers de 350 000 tonnes, l'avant-port de Rotterdam, Europoort, concentre de multiples activités maritimes et industrielles. Le trafic du port se trouve déséquilibré par la prépondérance des pondéreux (pétrole, charbon, minerais) à l'importation. Enfin, Rotterdam joue un rôle déterminant dans le marché des produits raffinés destinés à l'Europe du Nord-Ouest : c'est le « berceau du marché libre du pétrole ».

▰▰ De grandes firmes multinationales

Philips en est un bon exemple. C'est d'abord un petit atelier où l'on fabrique, vers 1894, des ampoules électriques. En 1993, forte de ses 238 000 salariés, la firme se situe au 32ᵉ rang mondial avec 185 milliards de francs de chiffre d'affaires. Elle précède Renault, deuxième entreprise française (175 milliards de francs de CA). La firme se diversifie avec l'électronique et l'informatique. Pour faire face à la concurrence japonaise, Philips a passé un accord avec la société française Thomson. Si la politique du groupe est fixée à Eindhoven, 80 % de ses salariés travaillent dans une cinquantaine d'usines réparties un peu partout dans le monde.

L'ÉCONOMIE

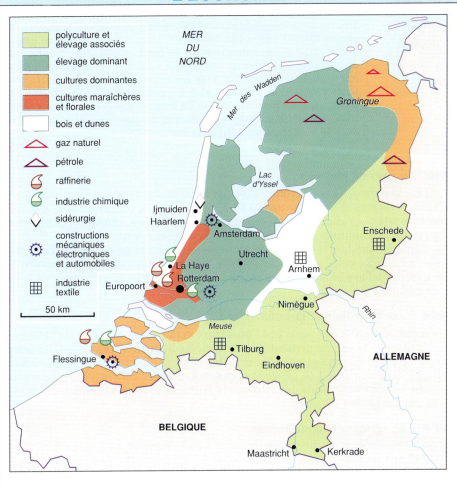

■ Le commerce extérieur (1998)

(en milliards d'écus)

IMPORTATIONS : 175,2
- Machines et matériel de transport : 31,5%
- Produits manufacturés : 16%
- Produits pétroliers : 14,5%
- Produits alimentaires : 14%

EXPORTATIONS : 186,6 *(en milliards d'écus)*
- Matériel de transport : 24%
- Produits alimentaires : 18%
- Produits pétroliers : 16,5%
- Produits manufacturés : 13,5%

■ Les grandes agglomérations (1993)

Amsterdam	1 130 000 hab.*
Rotterdam	1 069 000 hab.
La Haye	694 000 hab.
Utrecht	543 000 hab.
Eindhoven	390 000 hab.
Arnhem	308 000 hab.
Kerkrade	269 000 hab.
Enschede	253 000 hab.
Nimègue	246 000 hab.
Tilburg	235 000 hab.

* 1996

Le Portugal

CADRE GÉNÉRAL
LES QUINZE
POLITIQUE
ÉCONOMIE
SOCIÉTÉ
INTERNATIONAL

> Malgré sa faible superficie, le Portugal présente des paysages variés. Dans l'ensemble, l'altitude décroît de la frontière espagnole vers l'océan Atlantique, et du nord au sud. Plus densément peuplé que l'Espagne, le Portugal a, comme elle, une population jeune surtout regroupée dans les régions littorales. Une importante émigration s'oriente vers les pays étrangers, la France en particulier. Depuis les années 70, la situation économique s'améliore, les échanges augmentent avec les pays européens ; cependant la modernisation du pays est loin d'être achevée.

▬ Un pays de plateaux

☐ Le Tage sépare deux zones différentes par le relief : hauts plateaux et montagnes du Nord, et plaines et bas plateaux du Midi. Les 837 km de côtes offrent une grande variété de sites : grandes plages, comme celle de Nazaré, criques, comme dans l'Algarve ou promontoires des caps, comme le cap Saint-Vincent.

☐ Le climat est méditerranéen par la sécheresse et la chaleur de l'été mais l'océan abrège la durée de cette sécheresse estivale, adoucit la température et apporte des pluies, en particulier à l'automne et au printemps. Vers l'intérieur du pays, les écarts de température s'accusent.

▬ L'axe économique Lisbonne-Porto

Cet axe est lié au rôle des ports et à l'ouverture vers l'ouest, alors que les relations avec l'Espagne, à l'est, ne présentent pas la même intensité. L'essentiel des activités économiques du pays se situe sur cette ligne qui se prolonge vers Braga au nord, Setúbal et Sines au sud. Les 2/3 de la population urbaine du Portugal sont regroupés dans les agglomérations de Lisbonne et Porto, dont les ports effectuent la moitié du trafic maritime du pays.

▬ Une agriculture à moderniser

Les conditions naturelles ne sont guère propices à l'agriculture, pourtant les 2/3 de la superficie totale du pays sont cultivés par 17,3 % des actifs. Les petites exploitations du Nord, où dominent la polyculture et les vignobles, s'opposent aux grands domaines céréaliers du Sud, qui pratiquent parfois l'irrigation. Ce sont les ouvriers agricoles de cette région qui ont proposé une réforme agraire en 1974.

▬ Progrès économiques et difficultés sociales

☐ L'industrie a pris le pas sur l'agriculture et la croissance industrielle est rapide avec un taux moyen de 4,9 % en 1989. L'inflation, qui s'élevait à 19,5 % en 1985, a été ramenée à 6,5 % en 1993 et le taux de chômage (4 %) figure parmi les plus bas de l'Union européenne.

☐ Mais de nombreuses entreprises étrangères s'implantent, profitant du bas prix de la main-d'œuvre portugaise, la plus mal payée d'Europe. Le travail clandestin représente 20 % du PIB et le travail illégal des enfants de moins de 14 ans devient un problème préoccupant.

L'ÉCONOMIE

■ Les régions économiques

■ Centre et périphérie au Portugal

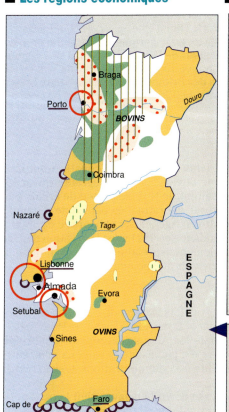
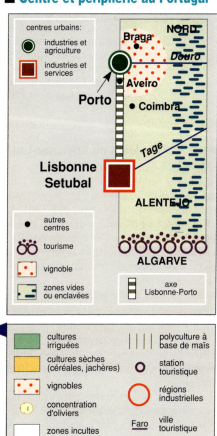

■ Le commerce extérieur (1998)

(en milliards d'écus)

33

IMPORTATIONS
- Matériel de transport : 36%
- Produits manufacturés : 28%
- Produits chimiques : 9%

EXPORTATIONS *(en milliards d'écus)*
- Produits manufacturés : 57%
- Matériel de transport : 20%
- Produits chimiques : 4%

21,6

■ Les grandes agglomérations (1989)

Lisbonne	2 324 000 hab.[1]
Porto	1 683 000 hab.
Amadora[2]	95 000 hab.
Coimbra[2]	77 000 hab.
Setúbal[2]	76 000 hab.

1. en 1995.
2. en 1988.

CADRE GÉNÉRAL
LES QUINZE
POLITIQUE
ÉCONOMIE
SOCIÉTÉ
INTERNATIONAL

Le Royaume-Uni (1)

> Les îles Britanniques forment un archipel qui prolonge l'Europe du Nord-Ouest vers l'océan Atlantique. La mer exerce une influence très forte tant sur le climat et les paysages que sur la vie humaine : l'insularité reste un trait marquant. C'est aussi un pays de contrastes entre des régions de faibles densités et des régions très peuplées, qui correspondent à la majeure partie des terres basses. Politiquement, les îles Britanniques forment deux États : le Royaume-Uni et l'Irlande, ou Eire.

■ La formation du Royaume-Uni

Le Royaume-Uni de Grande-Bretagne et d'Irlande du Nord s'est constitué autour du royaume d'Angleterre. Le pays de Galles ne devient partie intégrante qu'en 1536 mais sa conquête plus ancienne se traduisait par le titre de prince de Galles porté par le fils aîné du souverain dès 1301. L'Écosse est rattachée par l'Acte d'union de 1707. Quand à l'Irlande, colonisée dès le Moyen Âge, elle est absorbée en 1800 ; la plus grande partie de l'île retrouve l'indépendance en 1921 avec la création de l'Eire. Le système politique de la monarchie parlementaire, élaboré peu à peu depuis le Moyen Âge, laisse de moins en moins de pouvoir au souverain.

■ La mer toute proche

☐ L'archipel se compose de quelque 200 îles ou îlots ; la Grande-Bretagne et l'Irlande sont les plus vastes. Le Pas de Calais (*Straight of Dover* : le « détroit de Douvres ») ne le sépare du continent que par 31 km mais les Anglais rappellent que, depuis Guillaume le Conquérant, en 1066, leur pays n'a jamais été envahi. La mise en service en 1994 du tunnel sous la Manche facilite les communications avec le reste de l'Europe.
☐ La forme découpée des côtes et la faiblesse des reliefs favorisent la pénétration des influences océaniques : l'humidité est constante (il pleut un jour sur deux), le brouillard fréquent *(fog)*, les paysages verts et les vents violents. Seul le sud-est de l'Angleterre se trouve plus abrité.
☐ Aucun point des îles Britanniques ne se situe à plus de 100 km d'une côte. Les fleuves sont courts par conséquent, et la mer a stimulé l'activité des hommes.

■ Des contrastes

☐ Malgré leurs altitudes médiocres, les hautes terres *(highlands)* des massifs anciens connaissent le vent, l'humidité, le froid. Une grande partie de leurs habitants les ont abandonnées progressivement ; ce sont les terres pauvres de la lande, les *moors*.
☐ Au contraire, les régions plus basses, sauf la plaine d'Irlande très marécageuse, et les régions orientales plus abritées possèdent des densités importantes. La population se concentre dans les villes : avec plus de 90 %, c'est le taux d'urbanisation le plus élevé d'Europe.
☐ Par ailleurs, le bassin de Londres forme la principale région agricole du pays. Cependant, l'agriculture anglaise ne couvre toujours pas les besoins de la population malgré une amélioration récente de la productivité depuis l'entrée du pays dans le Marché commun.

L'ARCHIPEL BRITANNIQUE

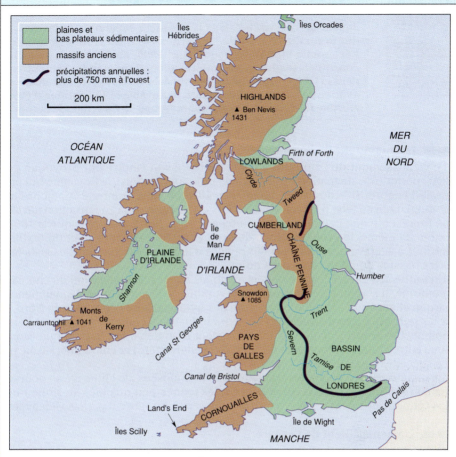

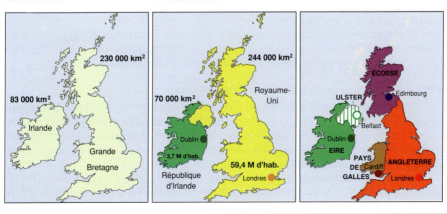

CADRE GÉNÉRAL
LES QUINZE
POLITIQUE
ÉCONOMIE
SOCIÉTÉ
INTERNATIONAL

Le Royaume-Uni (2)

> Jouant un rôle décisif dans la première révolution industrielle dès la fin du XVIIIe siècle, le Royaume-Uni est resté à la tête de l'économie mondiale jusque vers 1880, en même temps qu'il constituait le plus vaste empire colonial du monde. Son entrée dans la CEE, en 1973, ne l'a pas empêché de conserver des attaches avec ce passé prestigieux : ainsi, le Royaume-Uni continue d'être à la tête du Commonwealth qui regroupe 49 États dans le monde.

Les mutations de l'économie

☐ Le vieillissement de l'industrie puis la perte de son empire ont provoqué une longue période de stagnation de l'économie britannique. Ainsi, le Royaume-Uni produisait-il encore 10 % de l'acier mondial en 1938 (4e rang) contre 2 % aujourd'hui (12e rang). Loin en tête, il lançait alors le tiers du tonnage de la construction navale : il ne représente que peu de chose maintenant, et sa flotte n'est plus que la 18e du monde. De même, le profond déclin de la construction automobile et du textile a contribué à aggraver les difficultés des régions d'industries traditionnelles installées sur les bassins houillers, les « pays noirs ».

☐ Un redressement se dessine depuis quelques années, la diminution du chômage le confirme. Il s'appuie sur la situation favorable de l'énergie avec le maintien du charbon et surtout l'exploitation récente des hydrocarbures de la mer du Nord, et sur les performances de quelques secteurs industriels comme la chimie et l'électronique. Ces transformations s'accompagnent d'un débat sur la politique économique entre l'interventionnisme de l'État (le Welfare State) et l'ultra-libéralisme qui lui a succédé depuis 1979.

☐ La société peine à suivre les transformations imposées : le chômage se poursuit même si son importance relative décroît, les jeunes peu qualifiés se situent mal dans cette société et les immigrés du Commonwealth s'opposent parfois violemment.

L'aménagement de l'espace

☐ Dès le début du siècle, le Royaume-Uni a servi de « laboratoire » dans ce domaine autant pour faire face à la crise des « pays noirs » qu'à l'importance de l'urbanisation. Les principes de reconversion industrielle, les villes nouvelles et les parcs naturels y ont été expérimentés.

☐ Des déséquilibres régionaux subsistent néanmoins. Le Sud-Est fait figure de région dominante avec les campagnes les plus riches et la majorité des industries dynamiques. Londres concentre l'essentiel des pouvoirs de décision.

Le maintien de la puissance internationale

☐ En dehors de sa place au sein du Commonwealth et de l'Union européenne, l'influence du Royaume-Uni se manifeste par le rôle de la City, ce quartier du cœur de Londres où se concentrent la Bourse, les grandes banques et les compagnies d'assurances comme la Lloyd's. La Grande-Bretagne se situe au 2e rang mondial pour le poids de ses multinationales (BP, Shell, Unilever...).

☐ La place de la langue anglaise dans le monde, liée au passé puis au dynamisme des États-Unis, représente aussi un atout important : c'est la langue maternelle de 400 millions de personnes et plus d'un quart de l'humanité la parle.

L'ÉCONOMIE

■ Les régions économiques

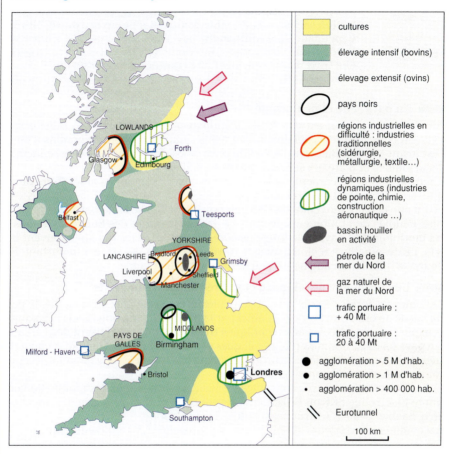

■ Le commerce extérieur (1998)

(en milliards d'écus)

IMPORTATIONS

294,2

Produits manufacturés : 41%
Machines et transport : 38%
Produits alimentaires : 9%

EXPORTATIONS   *(en milliards d'écus)*

Produits manufacturés : 41%
Machines et transport : 41%
Énergie : 8%

242,1

■ Les grandes agglomérations (1992)

Londres	8 017 000 hab.*
Birmingham	950 000 hab.
Leeds	700 000 hab.
Glasgow	700 000 hab.
Sheffield	520 000 hab.
Liverpool	500 000 hab.
Bradford	463 000 hab.
Manchester	450 000 hab.
Edimbourg	438 000 hab.
Bristol	391 000 hab.

* 1996

La Suède

CADRE GÉNÉRAL
LES QUINZE
POLITIQUE
ÉCONOMIE
SOCIÉTÉ
INTERNATIONAL

> État de l'Europe septentrionale, la Suède offre l'image d'un pays prospère, dynamique, dont les habitants, qui profitent d'une protection sociale remarquable, jouissent d'un niveau de vie élevé. Cependant, sa traditionnelle ouverture sur le monde soumet la Suède à une concurrence internationale de plus en plus forte et elle traverse actuellement une crise économique sévère.

▬▬ Un pays rude et peu peuplé

☐ Située sur le versant est des Alpes scandinaves, la Suède offre un relief essentiellement constitué de bas plateaux – les fjelds – qui descendent en gradins d'ouest en est jusqu'à la mer Baltique. Le Sud du pays possède quelques plaines, comme la Scanie. Plaines et plateaux sont parsemés de milliers de lacs.

☐ Un froid rigoureux caractérise le climat. Les hivers sont longs et les jours de gel nombreux.. Les étés, brefs, restent frais.

☐ Avec une densité moyenne de 19,8 hab./km^2, la Suède se situe parmi les pays les moins peuplés de l'Union européenne. La grande majorité des Suédois vit dans le tiers méridional du pays et le long des côtes, dans des villes qui sont souvent des ports. Le déséquilibre régional avec le Nord, quasiment désert, est important. Par ailleurs, la population augmente peu car la natalité est faible.

▬▬ Une économie développée et un très haut niveau de vie

☐ D'immenses forêts de conifères et de bouleaux couvrent plus de la moitié du pays et la Suède se classe au 9e rang mondial par la production de bois. Dans les plaines, des exploitations agricoles aux techniques très modernes, produisent des céréales.

☐ Le pays possède des minerais métalliques et surtout du fer, extrait notamment des mines de Kiruna, en Laponie. Sa production, qui le situe au 6e rang mondial, a cependant diminué de moitié en vingt ans.

L'industrie suédoise est très concentrée : plusieurs firmes sont des multinationales, comme Electrolux, SKF ou Erikson. Le regroupement des trois grandes sociétés : Volvo, Saab et Scania, restructure l'industrie automobile.

☐ Le commerce extérieur est important : il représente 1,5 % du commerce mondial et se fait en priorité avec l'Union européenne.

☐ Les Suédois bénéficient, dans leur grande majorité, d'un excellent niveau de vie. Le PNB/hab. s'élève, en 1992, à 26 780 dollars, situant la Suède au 4e rang mondial et au 2e rang des pays de l'Union européenne, après le Luxembourg.

▬▬ Le modèle suédois à l'épreuve

☐ Ce haut niveau de vie résulte d'un compromis original entre le capitalisme privé et le socialisme. L'État intervient assez peu dans les affaires économiques mais il réalise, par les impôts, la sécurité sociale et le système des pensions, une véritable redistribution des revenus. Le « modèle suédois » a parfois fait des envieux car il évoquait la prospérité, bien réelle, du pays.

☐ Mais, depuis plusieurs années, la situation économique s'est dégradée : le déficit budgétaire est le plus élevé d'Europe et le chômage atteint 7,4 % de la population active en 1998. Pour limiter les effets de la crise, le gouvernement met en place une politique d'austérité qui touche à la couverture sociale des Suédois et remet en cause la notion d'« État providence ».

L'ÉCONOMIE

■ Les régions économiques

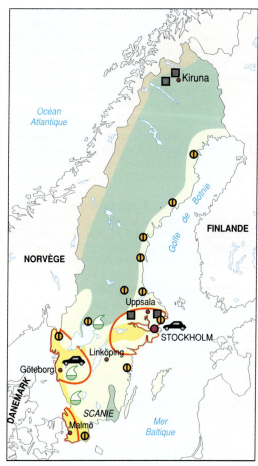

Légende :
- prairies d'altitude, toundra
- forêts
- élevage bovin
- cultures
- ① industrie de transformation du bois
- ■ minerai de fer
- 🚗 construction automobile
- industrie chimique
- région industrielle

200 km

■ La répartition de la population active (1992)

Secteur primaire	4,7 %
Secteur secondaire	29,8 %
Secteur tertiaire	65,5 %

■ Le commerce extérieur (1998)

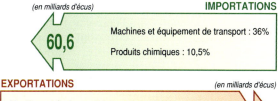

(en milliards d'écus) IMPORTATIONS

60,6
- Machines et équipement de transport : 36%
- Produits chimiques : 10,5%

EXPORTATIONS *(en milliards d'écus)*
- Machines et équipement de transport : 42,7%
- Papier et carton : 11%
- Produits chimiques : 9,2%

75,6

■ Les grandes agglomérations (1991)

Stockholm	1 503 000 hab.
Göteborg	734 000 hab.
Malmö	480 000 hab.
Uppsala	171 000 hab.
Linköping	124 000 hab.
Orebro	122 000 hab.
Norrköping	121 000 hab.
Västeras	120 000 hab.

CADRE GÉNÉRAL
LES QUINZE
POLITIQUE
ÉCONOMIE
SOCIÉTÉ
INTERNATIONAL

Les types de gouvernement

Le régime parlementaire caractérise l'organisation des pouvoirs publics dans les quinze pays de l'Union européenne. Monarchies ou républiques se réfèrent aux mêmes valeurs des Droits de l'homme et appliquent la séparation des pouvoirs entre l'exécutif, le législatif et le judiciaire.

■ Monarchies et républiques

☐ Dans les monarchies parlementaires, « le souverain règne mais ne gouverne pas ». Il conserve le titre de chef de l'exécutif mais en aucun cas il ne porte la responsabilité de ses actes, qui doivent être contresignés par un ministre. C'est le cas par exemple des lois qu'il promulgue. Il ne possède donc aucun pouvoir réel et joue un rôle représentatif auquel les peuples sont largement attachés.

☐ Les huit républiques confient des pouvoirs différents à leur président. Pour l'Allemagne, l'Autriche, la Finlande, la Grèce, l'Italie et le Portugal, le président, politiquement irresponsable, exerce un rôle de magistère et de représentation. Il promulgue les lois, accrédite les ambassadeurs et exerce le droit de grâce. Dans le cas de la France et de l'Irlande, ses pouvoirs sont beaucoup plus étendus.

■ L'exemple britannique ou la stabilité gouvernementale

Il est caractérisé par une majorité parlementaire stable reposant sur l'existence de deux grands partis, travailliste et conservateur, qui alternent au pouvoir depuis 1945. Quand l'électeur britannique élit son député, il désigne, indirectement et en même temps, le futur Premier ministre : en effet, si le parti pour lequel il a voté remporte les élections, son chef se voit automatiquement appelé par le souverain pour diriger le gouvernement pendant la durée de la législature (cinq ans).

■ L'exemple italien ou l'instabilité gouvernementale

La durée moyenne de vie des gouvernements italiens depuis 1945 s'élève à environ huit mois. Cette instabilité est liée principalement à la multiplicité des partis, même si trois d'entre eux – la Démocratie chrétienne, le parti socialiste et le parti communiste ont détenu longtemps à eux seuls les 5/6 du nombre des députés. Après le déclenchement en 1992, de l'opération « mains propres » dirigée contre la corruption, la Démocratie chrétienne est dissoute. Les élections législatives de 1994 portent au pouvoir une coalition de droite avec Silvio Berlusconi. Mais, deux ans après, c'est une autre coalition du centre et de la gauche, l'« Olivier », qui l'emporte. Romano Prodi puis Massimo d'Alema dirigent des gouvernements où se retrouvent centristes et ex-communistes du Parti démocratique de la gauche.

■ L'exemple français : un pouvoir présidentiel fort

Depuis 1958, la Constitution a élargi les pouvoirs du président de la République, qui peut dissoudre l'Assemblée nationale et disposer de pouvoirs spéciaux dans certaines circonstances. L'élection au suffrage universel, décidée en 1962, contribue au renforcement de son autorité. Cependant, l'Assemblée conserve la possibilité de renverser le gouvernement.

MONARCHIES ET RÉPUBLIQUES

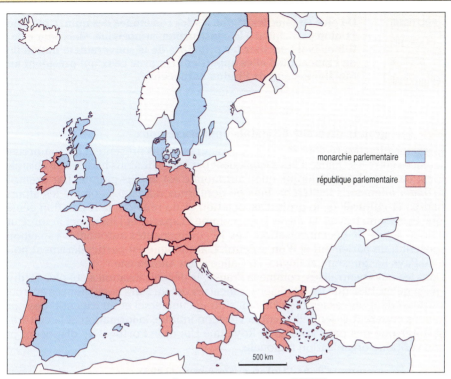

■ **Les régimes politiques et les gouvernements (2000)**

Pays	Souverain ou président de la République	Chef du gouvernement
Allemagne	Johannes Rau	Gerhard Schröder
Autriche	Thomas Klestil	Wolfgang Schüssel
Belgique	Albert II	Guy Verhofstadt
Danemark	Margrethe II	Poul Nyrup Rasmussen
Espagne	Juan Carlos Ier	José-Maria Aznar
Finlande	Tarja Halonen	Paavo Lipponen
France	Jacques Chirac	Lionel Jospin
Grèce	Costis Stephanopoulos	Costas Simitis
Irlande	Mary Mc Aleese	Bertie Ahern
Italie	Carlo Azeglio Ciampi	Massimo d'Alema
Luxembourg	Grand Duc Jean	Jean-Claude Juncker
Pays-Bas	Beatrix Ire	Wim Kok
Portugal	Jorge Sampaio	Antonio Guterres
Royaume-Uni	Elisabeth II	Tony Blair
Suède	Charles XVI Gustave	Göran Persson

| CADRE GÉNÉRAL |
| LES QUINZE |
| **POLITIQUE** |
| ÉCONOMIE |
| SOCIÉTÉ |
| INTERNATIONAL |

Régions et communes

De plus en plus, les régions et les communes des quinze pays de l'Union participent à la construction européenne. Mais pour cela, il leur faut concilier les principes de la souveraineté nationale de l'État auquel elles appartiennent avec ceux qui président au fonctionnement de l'Union européenne.

Une grande diversité de statuts pour les régions

☐ L'organisation des régions et leurs pouvoirs respectifs présentent de nombreuses différences entre les Quinze. Elles s'expliquent par les institutions héritées de l'histoire.
☐ C'est dans les États fédéraux que l'autonomie est la plus grande. Par exemple, les *Länder* allemands légifèrent dans de nombreux domaines comme les affaires scolaires et culturelles, le droit d'association et de réunion, la législation économique et celle du travail. D'autres pays, comme l'Espagne et l'Italie, ont amorcé une politique active de décentralisation. Les 17 communautés autonomes espagnoles disposent d'un parlement et d'un exécutif. L'autonomie est particulièrement poussée au Pays basque, en Catalogne, en Galice et en Andalousie.
☐ Dans les pays centralisés, comme la France, la décentralisation a été plus tardive. Ce n'est qu'en 1982 que les 22 régions françaises ont vu leurs compétences accrues : elles possèdent une assemblée élue au suffrage universel et un exécutif. Ces compétences couvrent essentiellement la vie économique, la formation et la culture. Il faut noter que des pays comme le Royaume-Uni et le Portugal ne disposent pas d'une véritable organisation régionale.

Les communes dans l'Union européenne (1995)

Pays	Nombre de communes	Nombre moyen d'habitants par commune	Indice du nombre d'habitants par commune France = 1
Royaume-Uni	481	118 100	78,3
Irlande	84	41 700	27,8
Portugal	305	33 800	22,5
Suède	286	30 770	20,5
Pays-Bas	702	20 800	13,9
Danemark	275	18 500	12,3
Belgique	589	16 800	11,2
Finlande	460	10 886	7,2
Italie	8 074	7 100	4,7
Allemagne	16 127	5 035	3,3
Espagne	8 027	4 900	3,3
Luxembourg	118	3 400	2,3
Autriche	2 301	3 215	2,1
Grèce	6 034	1 700	1,1
Total	43 863	8 445	–
France	36 627	1 500	1

L'ORGANISATION RÉGIONALE

■ **Pays disposant de deux niveaux d'administration régionale**

Autriche	9 *Länder*	2 301 communes
Danemark	14 comtés	275 communes
Finlande	12 départements et une région semi-autonome	460 communes
Irlande	32 comtés	84 communes
Pays-Bas	12 provinces	702 communes
Portugal	18 districts	305 municipalités
Royaume-Uni	59 comtés	481 districts
Suède	24 comtés	286 municipalités

■ **Pays disposant de trois niveaux d'administration, avec une forte organisation régionale ou fédérale**

Allemagne	16 *Länder*	543 kreise	16 127 communes
Belgique	3 régions	9 provinces	589 communes
Espagne	17 communautés autonomes	50 provinces	8 027 communes
Italie	20 régions dont 5 à statut spécial	95 provinces	8 074 communes

■ **Pays disposant de trois niveaux d'administration et conservant un pouvoir central important**

France	22 régions	96 départements métropolitains	36 627 communes
Grèce	13 régions	51 *nomoi*	6 034 communes

■ **La coopération entre les régions d'Europe**

C'est près des frontières que la coopération entre régions s'est développée. Ainsi, en 1971, se crée l'Association des régions frontalières européennes, à l'origine de laquelle on trouve les provinces de l'Est du Benelux et de la France et celles de l'Ouest de l'Allemagne. Le rapprochement est plus tardif pour l'Espagne et pour la France. En 1973, les régions périphériques maritimes de la CEE se regroupent dans une association qui rédige la Charte du littoral, reprise ultérieurement par le Parlement européen.

■ **Le Conseil consultatif des collectivités régionales et locales**

Créé en 1988, le Conseil consultatif des collectivités régionales et locales est consulté par la Commission européenne pour la définition et la mise en œuvre de la politique régionale. Il comprend 42 membres exerçant déjà un mandat électif. De plus en plus, les collectivités locales et régionales sont donc appelées à jouer un rôle important dans la construction européenne, une de leurs principales préoccupations restant de combattre les disparités trop criantes.

Les élections au Parlement européen

> Contrairement à celui de chaque pays de l'Union, le Parlement de Strasbourg dispose d'un faible pouvoir législatif. Le rôle décisif appartient à la Commission de Bruxelles ou au Conseil des ministres des Quinze. Cependant, l'élection du Parlement au suffrage universel en 1979 lui a permis d'affirmer sa légitimité et de réclamer l'élargissement de son champ de compétences.

■ L'élection au suffrage universel

Dès 1959, le traité de Rome prévoit l'élection du futur Parlement européen au suffrage universel. Il faut cependant attendre 20 ans pour que cette décision soit mise en application. Dans l'intervalle, les députés européens ne sont que les délégués des parlements nationaux. Élus pour 5 ans au suffrage universel à partir de 1979, les députés sont désignés selon des modalités variant d'un pays à l'autre. Une fois élus, ils se rassemblent, quelle que soit leur nationalité, dans des groupes parlementaires en fonction de leur famille politique d'origine.

■ Les pouvoirs du Parlement

☐ Les pouvoirs de l'Assemblée européenne restent limités. À l'origine, elle ne donne qu'un avis consultatif aux propositions de la Commission de Bruxelles. Par l'Acte unique, de 1986, ses attributions se trouvent élargies. Le Parlement peut peser sur les décisions de la Commission ou sur celles du Conseil des ministres mais, en dernier ressort, ce sont ces deux instances qui ont le dernier mot.
☐ En matière budgétaire, il en va autrement : même limités, les pouvoirs du Parlement sont réels. Il peut rejeter le budget proposé par la Commission.
☐ Enfin, l'Assemblée de Strasbourg exerce un pouvoir de contrôle sur la Commission, qui est responsable devant elle. La pratique des questions posées en séance publique aux membres de la Commission ou à ceux du Conseil des ministres permet à l'Assemblée d'être tenue au courant des grands problèmes d'actualité.

■ La « bataille du siège »

☐ Les institutions communautaires sont dispersées entre trois capitales :
– à Bruxelles siègent le Conseil des ministres, la Commission européenne et les 18 commissions du Parlement ;
– à Luxembourg, on trouve la Cour de justice et les services administratifs de l'Assemblée, qui regroupent 2 600 fonctionnaires ;
– enfin, Strasbourg accueille les sessions plénières et publiques du Parlement, certaines d'entre elles se tenant par ailleurs à Bruxelles.
☐ Il en résulte de nombreux déplacements de fonctionnaires et de matériels qui entraînent des dépenses importantes. Pour faire face à une situation jugée par beaucoup anarchique, des propositions de regroupement ont été faites. Le compromis intervenu en 1990 prévoit le maintien des sessions ordinaires à Strasbourg et la construction d'un hémicycle à Bruxelles pour accueillir un certain nombre de réunions.

LES MODALITÉS D'ÉLECTION

Pays	Sièges à pourvoir	Nombre d'habitants pour un siège	Mode de scrutin
Allemagne	99	820 202	RP (1) à l'échelon fédéral, 5 % (2)
Autriche	21	380 952	RP
Belgique	25	404 000	RP pour les 3 circonscriptions
Danemark	16	325 000	RP à l'échelon national
Espagne	64	612 500	RP à l'échelon national
Finlande	16	318 750	RP
France	87	666 666	RP à l'échelon national, 5 % (2)
Grèce	25	416 000	RP à l'échelon national
Irlande	15	240 000	RP pour les 4 circonscriptions
Italie	87	657 471	RP pour les 5 circonscriptions
Luxembourg	6	66 666	RP à l'échelon national
Pays-Bas	31	496 774	RP à l'échelon national, 4 % (2)
Portugal	25	396 000	RP à l'échelon national
Royaume-Uni	87	671 264	Scrutin majoritaire par circonscription RP pour l'Irlande du Nord
Suède	22	400 000	RP

(1) RP : représentation proportionnelle. (2) Pourcentage au-dessous duquel une liste ne participe pas à la répartition des sièges.

■ Le Parlement européen en 1999 (626 députés)

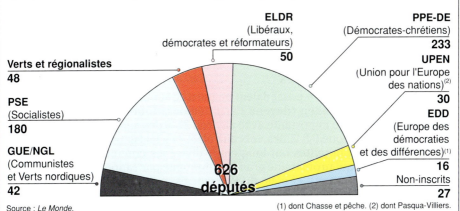

ELDR (Libéraux, démocrates et réformateurs) 50
PPE-DE (Démocrates-chrétiens) 233
Verts et régionalistes 48
UPEN (Union pour l'Europe des nations)(2) 30
PSE (Socialistes) 180
EDD (Europe des démocraties et des différences)(1) 16
GUE/NGL (Communistes et Verts nordiques) 42
Non-inscrits 27

626 députés

Source : Le Monde. (1) dont Chasse et pêche. (2) dont Pasqua-Villiers.

N.B. : En 1995, le Parlement européen compte 626 membres en raison de l'arrivée de 21 députés autrichiens, 16 finlandais et 22 suédois.

La gauche dans l'Union européenne

La vie démocratique dans les pays de l'Union repose sur l'existence de partis politiques alternant au pouvoir. Si les partis de gauche représentent traditionnellement le monde du travail et expriment ainsi une véritable unité, ils proposent des programmes et des moyens d'action différents.

▬ L'origine des partis de gauche

☐ Différentes appellations sont utilisées pour désigner les partis de gauche : socialiste, social-démocrate, travailliste, communiste. Ces partis sont nés du mouvement ouvrier engendré par la révolution industrielle du XIXe siècle.

☐ Certains d'entre eux, comme les travaillistes au Royaume-Uni, sont directement issus du mouvement syndical et coopératif. Le Labour Party conserve ainsi aujourd'hui des liens étroits avec les *trade unions* qui lui fournissent la grande masse des adhérents.

☐ D'autres se sont inspirés davantage, à l'origine, du marxisme et de l'Internationale ouvrière : c'est le cas de la social-démocratie allemande, du Parti socialiste français et de tous les partis communistes.

▬ Unité et diversité de la gauche non communiste

☐ Se référant à des valeurs communes comme la liberté, la démocratie et la solidarité, la gauche s'attache à la défense des plus défavorisés et à celle des travailleurs.

☐ D'abord révolutionnaires, les partis socialistes sont progressivement devenus réformistes : la social-démocratie allemande a abandonné la théorie marxiste au congrès de Bad-Godesberg en 1959. Elle accepte le système capitaliste et se fixe pour objectif d'obtenir des réformes dans le cadre du système économique existant.

☐ D'autres partis aspirent à des réformes de structure à l'intérieur du système capitaliste. C'est ainsi qu'après 1945 les travaillistes anglais ont engagé un grand programme de nationalisations. En France, le Parti socialiste est partisan d'un système d'économie mixte dans lequel le secteur public joue un rôle important.

▬ Les partis communistes

☐ Seules l'Italie et la France possédaient un parti communiste fort bien organisé. Si le Parti communiste italien (devenu Parti démocratique de la gauche en 1991) conserve une audience importante avec environ 21 % des suffrages, son homologue français ne recueille que 9,9 % des voix aux élections législatives de 1997.

☐ Deux stratégies différentes ont longtemps divisé les communistes européens : celle du PC italien, qui prônait une grande autonomie par rapport au PC soviétique (c'est l'eurocommunisme), et celle du PC français, qui, tout en refusant l'idée de « modèle », restait partisan de liens plus étroits avec le PC soviétique.

☐ L'effondrement de l'URSS et des démocraties populaires de l'Europe de l'Est à partir de 1990, entraîne une révision profonde des relations entre les partis communistes des pays de l'Union européenne et ceux de l'ex-URSS et de ses anciens satellites.

LES PARTIS DE GAUCHE

■ Les partis socialistes dans les parlements nationaux

Pays	Nombre de députés	Nombre total de députés	Pourcentage des voix
All. (1998)	298	672	40,9
Aut. (1999)	65	183	33,1
Belg. (1999)	49	150	22,5
Dan. (1998)	90	179	36
Esp. (1996)	141	350	37,5
Finl. (1995)	63	200	28,5
Fr. (1997)	245	577	39
Gr. (1996)	162	300	41,5
Irl. (1997)	17	166	10
It. (1996)	171	630	21
Lux. (1994)	17	60	25,5
P-B (1998)	45	150	29
Port. (1999)	115	230	44
R-U (1997)	421	659	43
Suède (1998)	131	349	36,6

Les Verts

Partagés entre le refus de l'engagement politique et l'attachement aux valeurs de la gauche, les Verts font leur entrée au Parlement européen en 1984. Cinq ans plus tard, ils réunissent leur 1er congrès européen avec la participation de 11 pays de la CEE. Nés du mouvement écologiste des années 70, les Verts veulent avant tout protéger la nature : « Nous n'avons qu'une seule Terre », telle est leur devise. Opposés au nucléaire, ils sont également contre une croissance économique forte et pour l'augmentation de l'aide au Tiers Monde.
Deux situations symbolisent le rôle joué dans la vie politique par deux élus se réclamant des Verts :
– en 1993, Francesco Rutelli, soutenu par les partis de la gauche italienne et par le centre, est élu maire de Rome contre un candidat du Mouvement social italien (extrême-droite).
– en 1997, Dominique Voynet, leader des Verts français, devient ministre de l'environnement et de l'aménagement du territoire dans le gouvernement de la gauche plurielle dirigé par Lionel Jospin.

■ Les partis socialistes, sociaux-démocrates et travaillistes (2000)

Pays	Dénomination	Président ou secrétaire général
Allemagne	Parti social-démocrate	Gerhard Schröder
Autriche	Parti social-démocrate	Viktor Klima
Belgique	Deux partis socialistes (francophone et flamand)	Philippe Busquin et Franck Vandenbrouck
Danemark	Parti social-démocrate	Poul Nyrup Rasmussen
Espagne	Parti socialiste ouvrier espagnol	Joaquim Almunya
Finlande	Parti social-démocrate	Paavo Lipponen
France	Parti socialiste	François Hollande
Grèce	Parti socialiste panhellénique	Costas Simitis
Irlande	Parti travailliste	Dick Spring
Italie	Parti démocratique de la gauche (ex-PC)	Walter Veltroni
Luxembourg	Parti socialiste ouvrier luxembourgeois	Jean Asselborn
Pays-Bas	Parti du travail	Karin Adelmund
Portugal	Parti socialiste	Antonio Guterres
Royaume-Uni	Parti travailliste	Tony Blair
Suède	Parti social-démocrate	Göran Persson

Conservateurs et libéraux dans l'Union européenne

De nombreux partis représentent la droite. Ils défendent prioritairement des valeurs communes comme la liberté d'entreprendre, le souci de l'ordre et le sentiment national.

La démocratie chrétienne

☐ C'est la famille des pères fondateurs de l'Europe avec les Français Jean Monnet et Robert Schuman, l'Allemand Konrad Adenauer et l'Italien Alcide De Gasperi. Héritière de la tradition chrétienne, elle se veut aussi le défenseur de la démocratie en promouvant la liberté, l'épanouissement de l'individu et les valeurs morales. C'est pourquoi elle est souvent réticente, voire hostile, à l'évolution des mœurs, concernant, par exemple, le divorce et l'avortement.

☐ Son électorat représente un large éventail de classes sociales unies par l'appartenance religieuse. Dans certains pays comme l'Allemagne et la Belgique, la démocratie chrétienne dispose d'un électorat populaire important.

Les conservateurs

☐ Il existe peu de pays dans l'Union européenne dans lesquels les conservateurs se rassemblent dans un grand parti à vocation majoritaire en se réclamant ouvertement de cette orientation. C'est le Royaume-Uni qui offre le meilleur exemple. Le Parti conservateur de John Major, lointain héritier du Parti Tory (nom donné au XVIIe siècle à des hors-la-loi catholiques irlandais), défend la monarchie et reste très attaché à l'autorité, à la grandeur britannique et à l'ordre social. Partisan d'un capitalisme offensif et de l'économie de marché, il est farouchement opposé aux nationalisations et à l'intervention de l'État dans les affaires.

☐ Le Parti conservateur britannique est un parti de masse avec près de 1,5 million d'adhérents. Tout comme le Parti travailliste, qui alterne avec lui au pouvoir, il doit ses majorités parlementaires au mode de scrutin majoritaire : l'élection se déroule à un seul tour dans chaque circonscription et donc à la majorité relative. En France, une grande partie de l'électorat du RPR appartient à cette famille conservatrice.

Les libéraux

À l'origine, les libéraux s'opposaient aux conservateurs. Dénommés Whigs, du nom d'une secte presbytérienne écossaise, au XVIIe siècle, les libéraux anglais défendaient le libéralisme politique et les droits du Parlement face à l'arbitraire royal. Aujourd'hui, les libéraux sont regroupés dans de petites formations politiques qui peuvent jouer le rôle de force d'appoint, souvent décisif, pour la composition des gouvernements, comme en Allemagne. Créé en 1978 par Valéry Giscard d'Estaing, l'Union pour la démocratie française (UDF) rassemble un certain nombre de partis se rattachant à la famille libérale : parti républicain, centre des démocrates sociaux, parti radical, auxquels s'ajoutent les adhérents directs. Vingt ans après sa création, l'UDF, qui n'a pu présenter de candidat issu de ses rangs à l'élection présidentielle de 1995, est toujours à la recherche de sa cohésion.

LES PARTIS DE DROITE

■ La Droite dans les parlements nationaux

Pays	Nombre de députés	Nombre total de députés	Pourcentage des voix
All. (1998)	245	672	35,2
Aut. (1999)	52	183	26,9
Belg. (1999)	46	150	21,1
Dan. (1998)	42	179	24
Esp. (1996)	156	350	39
Finl. (1995)	44	200	20
Fr. (1997)	257	577	43
Gr. (1996)	108	300	38
Irl. (1997)	77	166	46,5
It. (1996)	246	630	37
Lux. (1994)	21	60	30
P-B (1998)	29	150	18,5
Port. (1999)	81	230	32,3
R-U (1997)	163	659	31
Suède (1998)	82	349	22,7

L'extrême droite

Les partis d'extrême droite sont caractérisés par leur doctrine ultranationaliste, anticommuniste et raciste. Face à l'immigration, ils préconisent son arrêt immédiat et la préférence nationale. Par ailleurs, ils souhaitent le rétablissement de la peine de mort. Faiblement représentée en Allemagne, l'extrême droite est par contre bien implantée en France, en Italie et en Autriche. En 1995, le candidat du Front national, Jean-Marie Le Pen, obtient 15,2 % des voix aux élections présidentielles françaises. En Italie, la Ligue lombarde autonome s'est transformée en Ligue du Nord, en 1990. Elle s'est construite sur l'idée que les principales richesses du pays sont en partie dilapidées par les politiciens de Rome et l'aide toujours renouvelée au Mezzogiorno. En février 2000, le parti conservateur autrichien s'allie avec le parti xénophobe d'extrême droite de Jörg Haider pour former un gouvernement. Les 14 autres pays de l'UE condamnent fermement cette coalition.

■ Les principaux partis conservateurs et libéraux (fin 1999)

Pays	Dénomination	Président ou secrétaire général
Allemagne	Union démocrate-chrétienne	Wolfgang Schäuble
Autriche	Parti populaire	Wolfgang Schüssel
Belgique	Deux partis sociaux-chrétiens (francophone et flamand)	Charles-Ferdinand Nothomb Johan Van Hecke
Danemark	Parti libéral	Uffe Ellemann-Jensen
Espagne	Parti populaire	José-Maria Aznar
Finlande	Parti de coalition nationale	Pertti Salolainen
France	Rassemblement pour la République Union pour la démocratie française	Michèle Alliot-Marie François Bayrou
Grèce	Parti pour la nouvelle démocratie	Caramanlis
Irlande	Fianna Fail	Bertie Ahern
Italie	Forza Italia, Ligue du Nord	Silvio Berlusconi, Umberto Bossi
Luxembourg	Parti chrétien-social	Erna Hennicot-Schoepges
Pays-Bas	Appel démocrate-chrétien	J.J.M. Helgers
Portugal	Parti social-démocrate	Marcelo Rebelo De Sousa
Royaume-Uni	Parti conservateur	William Hague
Suède	Parti conservateur	Carl Bildt

CADRE GÉNÉRAL
LES QUINZE
POLITIQUE
ÉCONOMIE
SOCIÉTÉ
INTERNATIONAL

L'Europe verte

L'agriculture de l'Union européenne se place au 2e rang mondial, après les États-Unis, tant pour ses productions que pour ses exportations. La modernisation a permis d'accroître rendements et productivité. Cependant, les régions agricoles européennes présentent de grandes disparités liées au relief, au climat, aux techniques d'exploitation du sol et à la distance par rapport aux grandes villes. La politique agricole commune (PAC) a permis à l'Union européenne de devenir excédentaire pour les céréales, les produits laitiers, le vin et les légumes.

Des régions agricoles inégalement dynamiques

☐ Les activités agricoles dominent sur la plus grande partie de l'espace européen mais les contrastes entre les régions sont importants. Il existe des régions isolées ou difficiles d'accès, dans lesquelles on pratique surtout une culture ou un élevage extensif aux rendements faibles. C'est le cas de l'ouest de l'Irlande, de l'est du Portugal, du centre de l'Espagne, du sud de l'Italie…
☐ À celles-ci s'opposent des régions aux sols et aux climats plus favorables, fortement urbanisées, où des exploitations très modernes obtiennent des rendements très élevés, comme dans le bassin de Londres, la plaine du Pô, aux Pays-Bas et dans l'est du Danemark.

La politique agricole commune : la PAC

☐ Mise en place dès 1962, elle est, avec le Marché commun, la réalisation communautaire la plus élaborée. Elle repose sur trois principes :
– la libre circulation des produits agricoles sur un marché de 375 millions de consommateurs ;
– la solidarité financière, qui offre aux agriculteurs un revenu garanti ;
– la préférence communautaire, qui incite les États membres à se fournir dans l'Union.
☐ Mais les inconvénients s'accumulent : la PAC absorbe 65 % du budget de l'Union et, après avoir construit une agriculture compétitive, elle se trouve confrontée à la nécessité de réduire la production. C'est le but, par exemple, des quotas laitiers : les éleveurs paient de lourdes amendes s'ils dépassent les quantités imposées. Par ailleurs, la concurrence est sévère entre les producteurs méditerranéens.

Quel avenir pour les agriculteurs européens ?

☐ Les petites exploitations agricoles ont beaucoup moins bénéficié de l'Europe verte que les grandes exploitations céréalières ou les usines à lait. L'accroissement rapide des coûts de production provoque une stagnation du revenu agricole depuis 1973. Ce revenu est très inégal selon les régions : celui d'un agriculteur belge est, en moyenne, trois fois supérieur à celui d'un agriculteur italien.
☐ L'écart se creuse entre les « industriels de la terre », qui assurent de plus en plus l'essentiel de la production, et les petits exploitants, qui seront de plus en plus appelés à assurer l'entretien du patrimoine naturel. La modernisation s'est accompagnée de la diminution de moitié du nombre des exploitations. Moins nombreux, les agriculteurs sont aussi désormais mieux formés.

LA DIVERSITÉ RÉGIONALE DE L'AGRICULTURE

■ **Les régions agricoles**

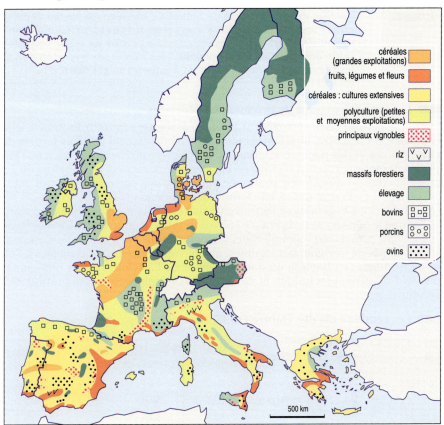

■ **Place occupée dans les superficies agricoles par les petites et par les grandes exploitations**

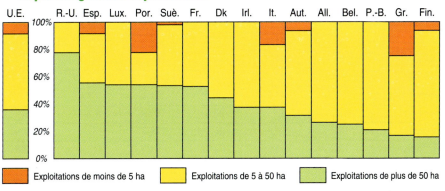

Les productions végétales

L'Union européenne se situe au 1er rang mondial pour la production de vin (64 %) et de betterave sucrière (38 %), au 2e rang pour l'orge (21,8 %) et au 3e rang pour le blé (14 %). La modernisation de l'agriculture européenne a permis un essor considérable des rendements. Cependant, les excédents importants coûtent cher à l'Union et l'obligent à imposer le gel des terres.

Les grandes régions de productions végétales

☐ La grande culture céréalière (blé, orge, maïs) associée aux cultures industrielles (betterave à sucre, colza, houblon) et fourragères correspond aux sols fertiles des grandes plaines et des plateaux continentaux (le centre du Bassin parisien ou l'East Anglia en Angleterre) ou aux régions de mise en valeur récente (les polders du Zuiderzee). Fortement mécanisée, pratiquée par de grands entrepreneurs qui ont un souci constant de la rentabilité, elle fournit des rendements élevés.

☐ Les productions végétales se retrouvent également dans les régions de polyculture, comme le Sud-Ouest de la France (céréales, tabac, cultures fruitières et vigne) ou de *coltura promiscua*, comme dans les collines de Toscane et de Campanie (céréales mêlées à la vigne, aux légumes, aux oliviers). Elles sont associées à l'élevage en Bretagne, en Bavière ou dans le Centre de l'Angleterre. Les rendements dépendent du niveau technique et de la taille des exploitations qui pratiquent la polyculture.

Les rendements des Quinze (1993) (en quintaux par hectare)

Pays	Blé	Orge	Maïs en grains	Ensemble des céréales	Pomme de terre	Betterave sucrière
Allemagne	65,8	50	80,2	57,1	392,5	548,3
Autriche (1992)	42,2	41,4	89,7	40,9	284,9	588,7
Belgique	71,9	64,2	90,6	69,5	393,7	588,7
Danemark	69,7	47,3	–	56,8	378,3	549,4
Espagne	24,6	27,3	61,9	26,8	187,4	480,6
Finlande (1992)	36,2	36,7	–	36,3	213,5	362,7
France	64,8	55,3	80,3	65,1	356,8	720,6
Grèce	23,5	24,8	99	35,3	208	588,2
Irlande	78	55,1	–	60,3	182,1	–
Italie	35,5	38,4	86,6	48	226,9	400,6
Luxembourg	58	49,5	–	51,4	307,6	625
Pays-Bas	87,7	63	90,8	80,8	462,7	640,9
Portugal	16,9	14,8	36,1	18,7	157,9	524,8
Royaume-Uni	73,3	51,9	–	64,3	418,4	433,3
Suède	59	42,1	–	46,1	276	492

Source : *Eurostat*, 1995.

RÉPARTITION DES PRODUCTIONS VÉGÉTALES

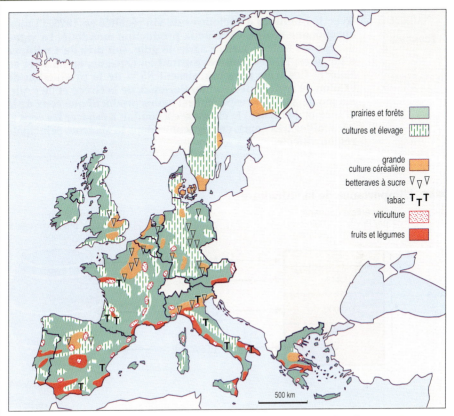

■ La diversité des productions végétales

Parmi les céréales, le blé arrive en tête et occupe 16,7 millions d'hectares. L'orge connaît un développement important, elle est cultivée sur plus de 11 millions d'hectares. Le maïs couvre près de 4 millions d'hectares.

Les plantes sarclées sont cultivées dans tous les pays : la pomme de terre sur près de 1,5 million d'hectares, la betterave à sucre sur 2 millions d'hectares.

Pour les fruits et légumes, cultivés sur 4,6 millions d'hectares, le marché communautaire est globalement déficitaire. Le vignoble couvre près de 4 millions d'hectares.

■ Quelques productions végétales en 1998

Blé	104,6 Mt
Orge	53,1 Mt
Maïs (en grains)	35,6 Mt
Pomme de terre	46,9 Mt
Betterave sucrière	117 Mt
Agrumes	9,6 Mt

Source : *Images économiques du monde*, 2000, SEDES.

La vigne et le vin

Avec 161 millions d'hectolitres de vin récoltés en 1995, l'Union européenne réalise 63 % de la production mondiale. La vigne occupe 3,8 % de la surface agricole utile, soit près de 4 millions d'hectares. Elle est cultivée surtout en Espagne, en Italie et en France. Ces trois pays fournissent 85 % de la production de l'Union, le reste provenant du Portugal, de la Grèce et de l'Allemagne. Le vignoble espagnol est moins productif que ceux de la France et de l'Italie : le climat sec a conduit à espacer les ceps et à les tailler très court, en particulier dans la Manche, principale région viticole.

L'importance de la viticulture

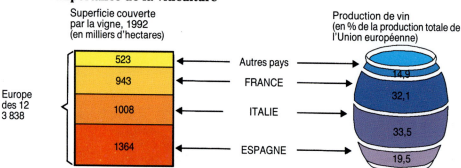

Source : *Eurostat*, 1994.

La politique communautaire

☐ Depuis 1970, la Communauté applique au marché du vin les règles introduites dans d'autres secteurs agricoles, comme le blé, la viande et le lait. On distingue deux grandes catégories de vin : les « VQPRD » (« vins de qualité produits par une région déterminée ») et les « vins de table ». En France, s'y ajoutent les « AOC » (« appellation d'origine contrôlée »), et les « vins de pays ».
☐ Un programme d'arrachage des cépages médiocres et une limitation des droits de réencépagement doivent permettre de faire face aux difficultés liées à la surproduction.

La concurrence franco-italienne

☐ Face à un marché déjà encombré, les viticulteurs français supportent mal que les vins italiens, bien moins chers que les vins français de même qualité, bénéficient d'une réglementation moins rigoureuse. Celle-ci autorise en effet plus largement coupages et sucrages, ce qui facilite les exportations dans les pays de l'Union.
☐ Les réactions des vignerons français du Midi sont souvent violentes. Elles obligent périodiquement le gouvernement à prendre des mesures pour limiter les importations. De plus, les adhésions du Portugal et surtout de l'Espagne à la Communauté aggravent les difficultés du marché communautaire du vin.

LA CONSOMMATION DE VIN

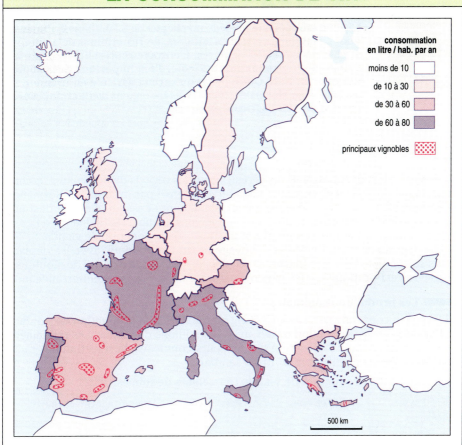

■ Consommation en litres/habitant/an

Pays	1950	1970	1992
Allemagne	7,8	18,3	22,8
France	131	107	64,5
Italie	90	109	61,6

Source : *Eurostat*, 1994.

L'évolution de la consommation de vin

Le vin est de plus en plus consommé dans l'Europe du Nord, pays de la bière, alors qu'il l'est de moins en moins dans l'Europe du Sud, où il est pourtant une boisson traditionnelle.

■ Évaluation du taux d'auto-approvisionnement (en %)

Pays	1980	1984	1988	1992
Italie	143	118	113	114
France	114	107	107	93
Grèce	110	110	113	139
Allemagne	53	72	59	58

Source : *Eurostat*, 1994.

L'élevage

CADRE GÉNÉRAL
LES QUINZE
POLITIQUE
ÉCONOMIE
SOCIÉTÉ
INTERNATIONAL

> L'Union européenne possède un cheptel de 82 millions de bovins, dont 23 millions de vaches laitières, de 101 millions de moutons et chèvres et autant de porcs. L'élevage représente 51 % de la valeur de la production agricole. Plus important dans toute l'Europe du Nord-Ouest (87 % du revenu agricole en Irlande), il est beaucoup moins développé dans les régions méditerranéennes (30 % du revenu agricole en Grèce).

▬ Les régions d'élevage

☐ L'élevage est souvent associé aux céréales dans les régions de polyculture, comme en Bretagne ou dans le Centre de l'Angleterre. Intensif par exemple en Normandie ou en Angleterre occidentale, il est à haut rendement et essentiellement destiné à la production de lait. Dans les moyennes montagnes, comme les Highlands d'Écosse ou le Limousin, les animaux sont plutôt destinés à la production de viande.

☐ Dans les Alpes et les Pyrénées, l'élevage bovin traditionnel, avec les déplacements saisonniers vers les alpages, est en déclin. Un élevage extensif de moutons et de chèvres est pratiqué sur les maigres pâturages des régions méditerranéennes.

▬ Les productions animales

☐ L'Union européenne se situe au 2e rang mondial pour la production de viande et au 1er rang pour la production de lait, avec 123 millions de tonnes. Les rendements sont meilleurs depuis l'utilisation des aliments composés, la sélection des races, l'insémination artificielle et le contrôle sanitaire.

La production de viande (en milliers de tonnes, 1992)

Pays	Bœuf et veau	Porc	Mouton, agneau et chèvre
Allemagne	2 182	3 910	50
Autriche	236	400	6
Belgique/Lux.	381	914	8
Danemark	213	1 265	2
Espagne	509	1 877	244
Finlande	122	177	1
France	1 860	1 918	185
Grèce	81	153	128
Irlande	553	181	89
Italie	1 180	1 332	85
Pays-Bas	623	1 591	16
Portugal	129	245	30
Royaume-Uni	1 019	979	386
Suède	138	268	4

Source : *Eurostat*, 1994.

☐ La production laitière avait considérablement augmenté jusqu'à l'instauration, en 1984, de quotas laitiers et de primes à l'abattage des vaches. Ces mesures ont été prises pour limiter la croissance des excédents de produits laitiers. Cette politique a produit ses effets : aujourd'hui, les stocks sont quasiment inexistants.

LES GRANDES RÉGIONS D'ÉLEVAGE

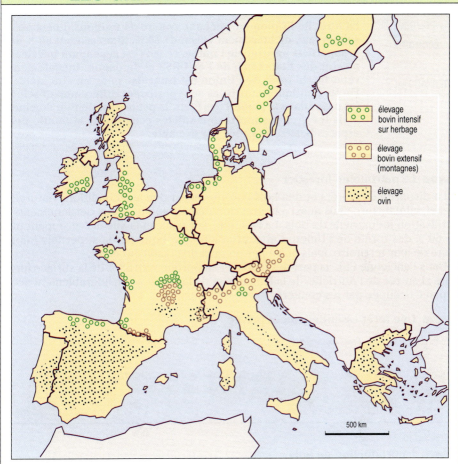

- élevage bovin intensif sur herbage
- élevage bovin extensif (montagnes)
- élevage ovin

■ **Répartition de la production de lait (1991)**

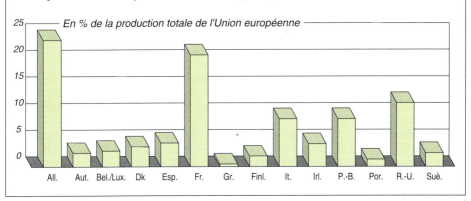

En % de la production totale de l'Union européenne

La forêt

> La forêt de l'Union européenne couvre 94 millions d'hectares, soit un taux de boisement voisin de 30 %. Représentant 60 % de la superficie agricole de l'Union, ce taux est cependant inférieur à celui des États-Unis, de l'ex-URSS et du Japon. Inégalement répartie, la forêt de l'Union est française pour un cinquième. Forêts publiques et privées se répartissent différemment selon les pays : dans la plupart des États, la petite exploitation domine, mais les grandes forêts domaniales constituent la moitié des espaces boisés, en Grèce par exemple.

Le patrimoine forestier

☐ La disparité des forêts et des bois européens est due aux conditions naturelles (relief, climat, sol), mais aussi à la pression démographique, aux défrichements, à l'utilisation industrielle du bois. La Finlande, la France et la Suède regroupent plus de 60 % des forêts de l'Union. Cette situation s'explique par la superficie importante de leur territoire, mais aussi par un taux de boisement élevé.

☐ Dans l'ancienne CEE, la part des feuillus l'emportait avec 58 % de la surface forestière ; l'entrée de l'Autriche, de la Finlande et de la Suède a considérablement accru la place occupée par les conifères.

Une forêt essentiellement privée

La production de bois

La production de bois de l'Union européenne atteint 221 millions de mètres cubes. Ne couvrant que la moitié de sa consommation, la CEE devait importer des bois de sciage et des produits dérivés (pâte à papier). Avec l'entrée de la Finlande (20 millions d'hectares) et de la Suède (24 millions d'hectares), l'Union européenne se trouve désormais mieux dotée.

La stratégie

☐ Un programme quadriennal d'action forestière, de 1989 à 1992, a été adopté par la Communauté afin de réduire sa dépendance, de donner une plus grande place à la forêt dans un monde rural en mutation et de lui permettre de continuer à préserver l'environnement.

☐ 750 millions d'écu ont été consacrés au développement mais aussi à la protection de la forêt européenne car celle-ci a de nombreux ennemis : la pollution atmosphérique – les pluies acides notamment –, les parasites (champignons, insectes...), le feu – plus de 10 000 incendies par an dans la CEE touchaient près de 100 000 hectares –, le pâturage incontrôlé, l'urbanisation...

CONIFÈRES ET FEUILLUS

■ Répartition des espèces

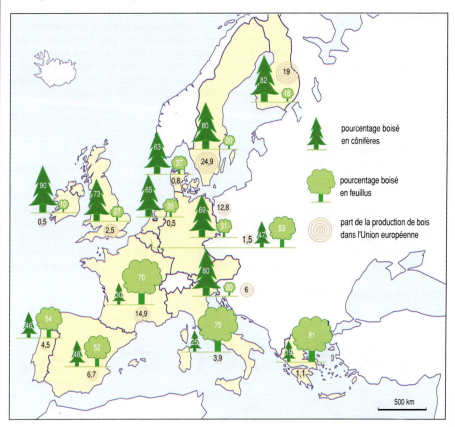

■ Surface des forêts privées

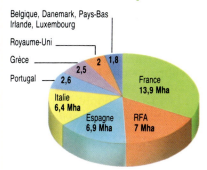

Source : Fédération nationale des syndicats des sylviculteurs.

■ Répartition de la propriété forestière
(en % de la surface forestière totale)

Surface	All.	R-U	Belgique
– de 5 ha	9,5	2,3	12,8
de 5 à 50 ha	17,9	15,3	17,7
de 50 à 100 ha	5	8,8	8,5
de 100 à 500 ha	18,5	14,8	26
+ de 500 ha	49,1	58,8	35

La pêche

L'Union européenne se situe, pour la pêche, au 3e rang mondial après la Chine et le Japon. C'est une activité importante par l'abondance des prises : 7,5 millions de tonnes de poisson en 1992, soit 7,5 % des prises mondiales, et par le nombre des pêcheurs, environ 150 000, mais aussi des emplois à terre liés à la pêche. Mais ce secteur est en crise à cause de l'épuisement des fonds marins les plus proches, de la pollution des mers, des difficultés des entreprises et de la concurrence étrangère.

Pêche côtière et pêche industrielle

☐ La pêche côtière artisanale est particulièrement en crise. Elle ne reste importante qu'en Irlande, en Bretagne et sur les côtes de la Méditerranée.
☐ La pêche industrielle se présente sous différentes formes : hauturière (en haute mer), elle se pratique en mer du Nord, en Méditerranée et dans l'océan Atlantique ; lointaine, pratiquée au large des côtes mauritaniennes par l'Allemagne, mais cette forme de pêche est en régression.
☐ La pêche industrielle nécessite des capitaux importants que seules des sociétés d'armement peuvent fournir, comme la British United Trawlers, au Royaume-Uni.

Importance des prises (1997) (en milliers de tonnes)

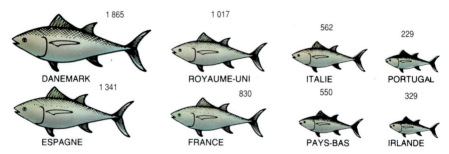

Allemagne : 319. Suède : 364.

L'Europe bleue

☐ Une organisation communautaire de la pêche s'est mise en place en 1983 : tout pays riverain dispose d'une zone de pêche exclusive de 6 milles marins (11 km) ; au-delà, de 6 à 200 milles marins (370 km), l'accès est libre pour les bateaux de l'Union européenne. Des quotas de pêche par espèce et par pays sont fixés chaque année.
☐ En 1988, un plan d'organisation pluriannuel (le POP) a été adopté. Il prévoit une réduction importante des flottes des pays membres : – 16 % pour l'Espagne, – 12 % pour les Pays-Bas, – 2,5 % pour la France.
☐ L'Union européenne réalise près de 22 % des exportations mondiales de poisson mais elle importe cinq fois plus qu'elle n'exporte.
☐ Les accords du GATT signés à Marrakech en avril 1994 prévoient une réduction importante des droits de douane sur un grand nombre de poissons ; le niveau de protection restera cependant élevé pour le thon, le maquereau et le hareng.

CAPTURES ET ZONES DE PÊCHE

■ **Poisson capturé pour 1 000 habitants (en tonnes)**

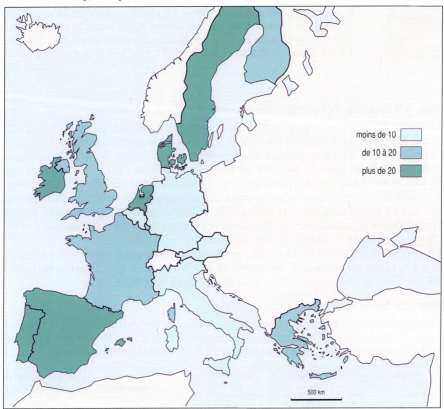

moins de 10
de 10 à 20
plus de 20

■ **Les flottes de pêche (1991)**

Pays	Nombre de bateaux	Tonneaux (tjb)*
Allemagne	672	58 400
Belgique	172	20 700
Danemark	3 186	120 600
Grèce	3 081	195 400
Espagne	14 418	421 401
France	13 955	214 301
Italie	26 730	284 631
Pays-Bas	1 059	150 892

* tonneaux de jauge brute.

■ **Les captures globales par régions de pêche (1993)**

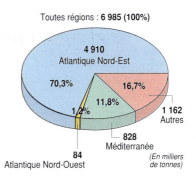

Toutes régions : 6 985 (100%)
4 910 Atlantique Nord-Est — 70,3%
16,7% — 1 162 Autres
11,8% — 828 Méditerranée
1,2% — 84 Atlantique Nord-Ouest
(En milliers de tonnes)

Source : *Eurostat.*

L'énergie

> Le poids de l'Europe occidentale dans l'économie mondiale a d'abord reposé sur sa richesse en charbon lors de la première révolution industrielle au XIXe siècle. C'est aussi la question de l'énergie qui est en partie à l'origine de la construction de l'Europe : les six États fondateurs ont d'abord formé la CECA en 1951.

▬▬ L'évolution des différentes sources d'énergie

☐ Le déclin du charbon se poursuit inexorablement. Les actuels pays de l'Europe des Quinze, avec 470 Mt, couvrent 30 % de la production mondiale en 1955, contre 3 % en 1998 avec 108 Mt. Ce n'est plus une ressource notable que pour le Royaume-Uni (44 Mt) et l'Allemagne (45 Mt). Il faut y ajouter le lignite, toujours en Allemagne (180 Mt) et en Grèce (56 Mt) pour qui il s'agit du tiers de l'énergie consommée.

☐ L'importance des hydrocarbures pose le problème de la faiblesse de la production : 159 Mt de pétrole brut en 1998 et 226 milliards de m^3 de gaz naturel, soit 9 % de la production mondiale. Les découvertes récentes en mer du Nord ont donné au Royaume-Uni sa richesse en pétrole (133 Mt).

☐ La production d'électricité continue de progresser rapidement en particulier grâce à la place grandissante du nucléaire (35 %) : avec 2 458 milliards de kWh en 1998, les Quinze fournissent 19 % de la production mondiale.

▬▬ Un bilan énergétique défavorable

Développement économique et hausse du niveau de vie entraînent une importante consommation annuelle d'énergie par habitant : 3,8 TEP en 1997 contre 1,6 dans le monde. Le taux de couverture ne se situe qu'à 52 % malgré une amélioration sensible.

Pays	Production (M.tep)	Consommation (M.tep)	Taux de couverture	Consommation par habitant (tep)
Allemagne	155	333	47	4,2
Autriche	10	27	37	3,5
Belgique	11	51	22	5
Danemark	11	18	61	3,5
Espagne	29	92	32	2,4
Finlande	11	28	39	5,6
France	102	222	46	3,9
Grèce	8	22	36	2,2
Irlande	3	10	30	2,8
Italie	26	166	16	2,7
Luxembourg	–	4	–	9,7
Pays-Bas	66	66	100	4,4
Portugal	1	17	6	1,7
Royaume-Uni	210	214	98	3,7
Suède	31	20	155	5,6
Total en 1992	**674**	**1 290**	**52**	**3,4**

*M tep : en millions de tonnes équivalent pétrole

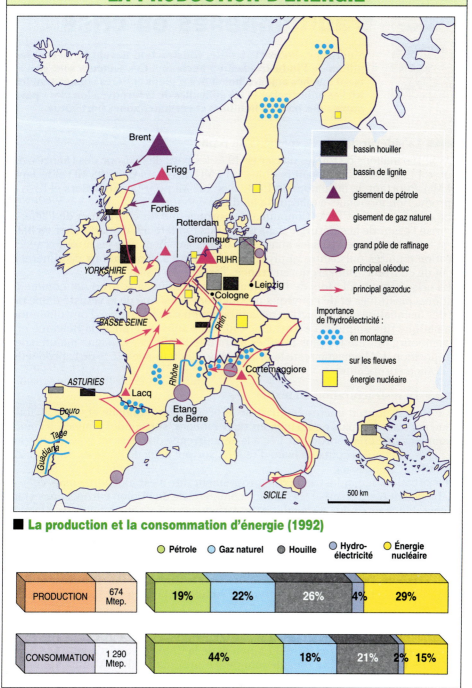

Les industries traditionnelles en crise

> Sidérurgie, industrie textile, construction navale formèrent les piliers de l'industrialisation ancienne. Ces secteurs sont gravement touchés aujourd'hui et des régions entières connaissent les friches industrielles et les difficultés de la reconversion : les « pays noirs » des bassins houillers et certaines zones portuaires.

■ La sidérurgie : de l'expansion au repli

☐ Avec 160 millions de tonnes d'acier en 1998, les pays de l'Europe des Quinze occupent le 1er rang mondial, avant la Chine (114 Mt), les États-Unis (98 Mt) et le Japon (94 Mt). Pourtant, le maximum de 1974, avec 167 Mt pour la CEE d'alors et 24 % de la production mondiale, a marqué la fin d'une époque.

☐ La création de la CECA (Communauté européenne du charbon et de l'acier) a favorisé l'essor de la sidérurgie dans les 6 États fondateurs, en particulier en Italie. C'est aussi la période, dans les années 60, du déplacement vers les littoraux avec la création d'unités puissantes approvisionnées par les importations de minerai de fer et de charbon : Dunkerque, en France, Tarente, en Italie.

☐ La crise résulte à la fois de la concurrence de nouveaux produits comme les matières plastiques et de nouveaux producteurs, ainsi que de la vétusté d'une partie des installations. La réduction de la production s'accompagne d'une diminution dramatique des emplois. Le Royaume-Uni, mais aussi la France, la Belgique et le Luxembourg ont été les plus touchés alors que l'Italie et l'Espagne maintenaient leur position. L'Allemagne reste le principal producteur avec 26 % de la production de l'Union européenne.

■ La restructuration du textile

☐ Ce secteur fournit encore le quart de la production mondiale et, avec l'habillement, fait travailler plus de 2,5 millions de personnes, surtout des femmes. Il connaît néanmoins une crise chronique liée à la concurrence des pays en voie de développements aux faibles coûts de main-d'œuvre, surtout ceux de l'Asie du Sud-Est : Taïwan, Chine, Hong-Kong...

☐ La situation de l'industrie textile proprement dite s'est améliorée mais celle de l'habillement reste en crise ; la balance commerciale de l'Union européenne est fortement déficitaire : plus de la moitié des vêtements qui y sont achetés proviennent de l'extérieur.

☐ La Communauté a protégé son industrie dès 1974 en signant l'accord multifibre avec 27 pays producteurs pour limiter leurs exportations vers l'Europe. La profession a réagi par la constitution de groupes puissants qui transfèrent souvent leurs filiales dans le Tiers Monde : Courtaulds, pour le Royaume-Uni, Prouvost et DMC, pour la France. L'Italie se situe nettement en tête de l'Union européenne.

■ L'effondrement de la construction navale

De 1955 à 1993, la part mondiale des pays de l'Europe des Quinze passe de 78 % à 15 %. La concurrence très forte du Japon et de la Corée du Sud s'ajoute à la baisse générale de cette activité dans le monde. Le programme RENAVAL a été mis en place en 1988 pour la reconversion des zones de chantiers navals.

SIDÉRURGIE, TEXTILE ET CONSTRUCTION NAVALE

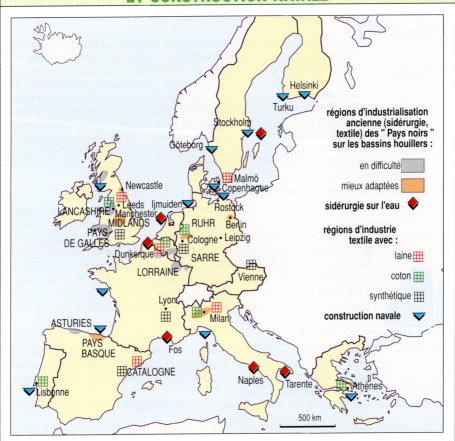

■ **L'évolution de la production d'acier (en millions de tonnes)**

Pays	1961	1974
Allemagne	33,4	53,2
France	17,6	27,0
Italie	9,1	22,8
Belgique	7,0	16,2
Luxembourg	4,1	6,4
Pays-Bas	1,9	5,8
Royaume-Uni	22,4	22,4
Irlande	0,03	0,1
Danemark	0,3	0,5
Europe des 9	**95,8**	**154,4**

Pays	1974	1987
Allemagne	53,2	36,2
France	27,0	17,7
Italie	22,8	22,9
Belgique	16,2	9,8
Luxembourg	6,4	3,3
Pays-Bas	5,8	5,1
Royaume-Uni	22,4	17,2
Irlande	0,1	0,2
Danemark	0,5	0,6
Grèce	0,2	1,0
Espagne	11,5	11,7
Portugal	0,3	0,7
Europe des 12	**166,4**	**126,4**

Pays	1998
Allemagne	44
France	20,2
Italie	25,5
Belgique	11,6
Luxembourg	2,5
Pays-Bas	6,4
Royaume-Uni	17,1
Irlande	0,4
Danemark	0,8
Grèce	1,1
Espagne	14,4
Portugal	0,9
Autriche	5,3
Finlande	3,9
Suède	5,6
Europe des 15	**160**

Source : *Images économiques du monde*, 2000, SEDES.

CADRE GÉNÉRAL
LES QUINZE
POLITIQUE
ÉCONOMIE
SOCIÉTÉ
INTERNATIONAL

Les industries d'équipement et la chimie

> Les biens d'équipement, qu'ils soient destinés à l'industrie comme les machines-outils ou aux ménages comme les réfrigérateurs, se caractérisent par leur grande diversité. L'Union européenne occupe une place de choix dans la construction automobile et l'industrie chimique mais elle doit faire face à la concurrence américaine et surtout japonaise dans certains secteurs. Suède, Finlande et Autriche apportent leur poids dans la filière bois. L'Allemagne impose fréquemment sa prépondérance à l'intérieur de l'ensemble.

▰▰ Les biens d'équipement professionnels et ménagers

☐ Les productions métallurgiques proviennent d'abord de l'Allemagne (Ruhr et région de Stuttgart) qui domine particulièrement le secteur de la machine-outil. La France, le Royaume-Uni (tracteurs) et l'Italie suivent à une certaine distance.

☐ La construction électrique et électronique emploie 3 millions de personnes. Les pays de l'Union européenne continuent de répondre à l'importante demande des ménages (réfrigérateurs, machines à laver, téléviseurs). Un ou deux grands groupes coexistent avec les PME dans chaque pays : Siemens et AEG-Telefunken en Allemagne, Philips aux Pays-Bas, Alcatel et Thomson en France, Electrolux en Suède.

▰▰ L'industrie chimique

L'industrie chimique emploie 2,3 millions de salariés dans l'Europe des Quinze. Elle dépasse celles des États-Unis et du Japon par son chiffre d'affaires. On trouve 6 firmes de l'Union européenne parmi les 12 premières mondiales ; c'est le premier exportateur mondial de produits chimiques.

☐ Cette industrie est dominée par quelques grands groupes.

Entreprise	Pays	Chiffre d'affaires (milliards de F)	Effectif
Hoechst	Allemagne	158	172 000
BASF	Allemagne	148	112 000
Bayer	Allemagne	140	152 000
Imperial Chemical Industrie (ICI)	Royaume-Uni	90	87 000
Rhône-Poulenc	France	81	82 000
Compagnie de Saint-Gobain	France	72	96 000
Dow Deutschland	Allemagne	62	55 000
Akzo	Pays-Bas	50	19 000

Source : « Les 5 000 », *Le Nouvel Économiste*, 1994.

☐ L'Allemagne s'impose dans de nombreuses productions. Cette industrie se localise dans les zones portuaires fluviales (Rhin) ou maritimes (Pays-Bas, Belgique) et dans les grandes agglomérations (Paris, Copenhague, Dublin, Athènes, Vienne...).

L'INDUSTRIE AUTOMOBILE

■ En tête dans le monde

Avec 12,6 millions de voitures particulières (VP) vendues en 1993 et 1,3 de véhicules utilitaires (VU), l'Union européenne devance le Japon et dispute la première place aux États-Unis depuis plusieurs années. Cette industrie qui n'existe que dans dix des quinze États emploie 1,8 million de personnes et procure régulièrement un excédent important au commerce communautaire.

■ Un énorme marché

143 millions de voitures particulières et 19 millions de véhicules utilitaires circulent dans l'Europe des Quinze. 16 millions d'immatriculations y ont été faites en 1998. Les producteurs européens écoulent ainsi une grande partie de leurs fabrications mais la place des filiales américaines n'est pas négligeable et la pression japonaise s'accentue avec près de 1 million de véhicules vendus en 1993.

Production de véhicules en 1998 (en milliers)		
Pays	VP	VU
Allemagne	5 348	373
France	3 350	479
Espagne	2 155	552
Royaume-Uni	1 748	238
Italie	1 385	272
Belgique	1 000	98
Suède	361	119
Pays-Bas	248	40
Autriche	83	12

Source : *Images économiques du monde*, 2000, SEDES.

■ De grandes firmes

Cinq constructeurs européens figurent parmi les dix producteurs mondiaux en 1992.

Société	Pays	Production (milliers)
Volkswagen	Allemagne	3 294
FIAT	Italie	2 390
PSA	France	2 067
Renault	France	1 848
Mercedes-Benz	Allemagne	877
BMW	Allemagne	553
Rover	Royaume-Uni	384
Volvo	Suède	332

Pays	Taux de motorisation (nombre de voitures particulières pour 1 000 habitants)
Allemagne	458
Autriche	394
Belgique	398
Danemark	310
Espagne	322
Finlande	380
France	419
Grèce	176
Irlande	235
Italie	488
Luxembourg	498
Pays-Bas	371
Portugal	281
Royaume-Uni	374
Suède	419

■ Place sur le marché européen en 1993

Société	Part des ventes (%)
Volkswagen (Volkswagen-Audi-SEAT)	16,4
General Motors Europe (Opel-Vauxhall-Saab)	13
PSA (Peugeot-Citroën)	12,6
Ford Europe	11,5
Fiat	11,2
Renault	10,5
Volvo	2,1
Japonais (Toyota-Nissan-Honda)	12,2

Les industries de pointe

> La fabrication de produits nouveaux dans des domaines aussi variés que l'informatique ou les biotechnologies se fait en liaison étroite avec la recherche, ce qui explique l'importante proportion de cadres parmi la main-d'œuvre employée. L'Union européenne doit faire face à la position dominante des États-Unis et à la concurrence du Japon. La nécessité de la coopération s'est imposée dans la production où elle a abouti à une réussite comme l'Airbus. Elle s'applique aussi à la recherche. À l'intérieur de l'Europe des Quinze, il existe un déséquilibre entre les États les plus industrialisés (Allemagne, France, Royaume-Uni, Italie, Suède) et les autres, où ces industries n'occupent qu'une faible place.

La faiblesse de la filière électronique

☐ L'Europe des Quinze représente le tiers du marché mondial mais n'assure pas tout à fait le quart de la production. Le déficit constitue donc un problème sérieux.
☐ Malgré quelques réussites comme la bureautique ou les télécommunications (Deutsche Telekom, British Telecommunications, France Télécom), l'Europe doit importer une proportion importante des composants. La fabrication des ordinateurs représente le point le plus faible malgré une amélioration récente : en 1991, par exemple, la société IBM contrôlait 42 % du marché européen avec une position particulièrement forte pour les gros ordinateurs. Seul Siemens se classe parmi les 10 premières entreprises mondiales de la branche par le chiffre d'affaires.

Le dynamisme du secteur aéronautique et spatial

☐ Cette industrie apporte au contraire une contribution importante aux exportations communautaires. Les principales sociétés sont souvent nationalisées : Aérospatiale et SNECMA en France, British Aerospace au Royaume-Uni... La très forte domination américaine sur le marché mondial a stimulé la coopération.
☐ Le consortium le plus célèbre, Airbus Industrie, regroupe des sociétés aéronautiques de la France (37,9 %), de l'Allemagne (37,9 %), du Royaume-Uni (20 %) et de l'Espagne (4,2 %) ainsi que des entreprises associées des Pays-Bas et de Belgique. 1 899 Airbus avaient déjà été livrés en juillet 1995, 1 320 sont en commande. Une coopération plus récente existe aussi entre la France, l'Italie et l'Allemagne avec le programme du moyen courrier ATR. Il convient d'ajouter la participation de 12 membres de l'Union européenne parmi les 15 États qui forment l'Agence spatiale européenne dont la fusée Ariane constitue le succès le plus important.

L'industrie de l'armement

La France et le Royaume-Uni sont respectivement les 3e et 4e exportateurs mondiaux de matériel militaire et maîtrisent une panoplie sophistiquée. Les entreprises françaises dominent, avec Thomson-CSF, Aérospatiale, Dassault, Matra, mais le rapprochement Daimler-MBB a mis en place une société puissante en Allemagne. Là encore, les sociétés nationalisées tiennent une place importante.

LA RECHERCHE ET LA TECHNOLOGIE

■ **Les dépenses de recherche et développement (1989)**

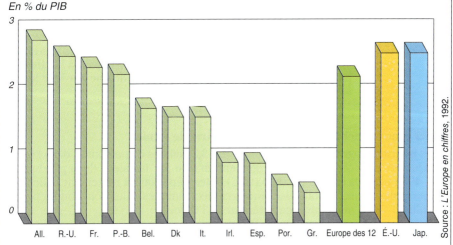

En % du PIB

Source : L'Europe en chiffres, 1992.

■ **Une politique récente**

La coopération européenne, longtemps limitée, n'a pris de l'importance qu'au début des années 80 pour réduire les concurrences, regrouper le potentiel de recherche face aux États-Unis et au Japon, et adopter des normes techniques communes. L'Acte unique de 1985 fait entrer officiellement la recherche dans les compétences de la Communauté et très rapidement, par exemple, la CEE a mis au point un projet solide de télévision haute définition, l'un des gros enjeux du début des années 90. Plusieurs grands programmes ont été mis sur pied.
- ESPRIT : domaine des technologies de l'information (logiciels, traitement de l'information, bureautique, production assistée par ordinateur, micro-électronique de pointe).
- RACE : mise au point d'un réseau de télécommunications intégrées à large bande (téléphone, télévidéo, courrier électronique...).
- BRITE : amélioration de la productivité de l'industrie par l'utilisation de nouvelles technologies (laser, conception assistée par ordinateur...).
- BAP : domaine de la biotechnologie avec applications dans l'agriculture et les industries agro-alimentaires.
- JET : usine expérimentale en Grande-Bretagne pour la fusion thermonucléaire contrôlée.
- EURÊKA : coopération entre entreprises et instituts européens de recherche (plus de 200 projets en cours) ; d'autres États y participent.

■ **Le quatrième programme-cadre de recherche (1994-1998)**
(en milliards d'écu)

Information-communication	3,4
Énergie	2,2
Technologie industrielle	2
Sciences du vivant	1,5
Environnement	1
Transports	0,2
Recherche socio-économique	0,1

Les industries agro-alimentaires

CADRE GÉNÉRAL
LES QUINZE
POLITIQUE
ÉCONOMIE
SOCIÉTÉ
INTERNATIONAL

Grande puissance agricole mondiale, l'Union européenne possède une importante industrie agro-alimentaire. De grands groupes, comme Unilever, se sont constitués ; ils voisinent avec une multitude de petites entreprises. La situation des industries agro-alimentaires varie considérablement d'un pays à l'autre tant par leur structure et leur poids économique que par leur localisation.

■ Une branche essentielle de l'industrie de l'Union

☐ Les industries agro-alimentaires emploient 3,2 millions de personnes dans l'Europe des Quinze. Elles viennent très largement en tête par la valeur de la production : avec 404 milliards d'écus en 1990 (CEE), elles dépassaient nettement celles de la chimie et des constructions électriques et électroniques. Elles contribuent pour un peu plus de 10 % au commerce extérieur de l'Union.

☐ Cette activité travaille d'abord les produits de l'une des grandes agricultures mondiales. Ainsi, en 1992, les minoteries transformaient en farine plus de 34 Mt de blé pour l'alimentation humaine. La même année, l'Union européenne produisait 1/6 du beurre mondial et 1/3 du fromage. Ses sucreries traitaient 1/3 également de la production mondiale de betterave à sucre.

☐ La France, 1er producteur agricole, vient en 2e position par la valeur fournie par l'agro-alimentaire, derrière l'Allemagne et avant le Royaume-Uni. Pour l'Irlande, cette branche est, de loin, la 1re industrie nationale ; elle occupe la 2e place au Danemark et la 3e au Portugal. D'autre part, elle représente 20 à 30 % des exportations de l'Irlande, du Danemark, de la Grèce et des Pays-Bas, apportant un excédent notable à la balance commerciale.

■ Une grande diversité

☐ Il existe de puissants groupes internationaux : la firme anglo-hollandaise Unilever se détache par son chiffre d'affaires. Le Royaume-Uni se situe en tête par la concentration financière dans l'industrie agro-alimentaire : 12 sociétés britanniques figurent parmi les 20 premières sociétés de l'Union dans ce domaine. Le mouvement s'amorce en Italie avec le groupe Ferruzzi et en France avec le développement rapide du groupe Danone. Les PME occupent partout une place importante qu'il s'agisse, par exemple, des brasseries bavaroises ou des coopératives laitières françaises.

☐ Les lieux de production restent un facteur important d'implantation : les conserveries d'agrumes du Levant espagnol, les sucreries de la plaine du Pô ou du nord de la Seine en France, les conserveries de produits de la mer sur les littoraux. Les ports constituent un autre site favorable, en particulier pour les pays gros importateurs de produits agricoles, comme le Royaume-Uni. Enfin, les centres de consommation attirent de plus en plus ces industries. Malgré une dispersion qui reste importante, il existe donc quelques régions ou foyers de concentration ; la Bretagne, le bassin de Londres, l'Allemagne du Nord, et de grandes agglomérations, comme Copenhague, Paris, Lisbonne.

UNILEVER : UN GÉANT MONDIAL

■ La première entreprise agro-alimentaire de l'Union européenne

Avec un chiffre d'affaires de 251,7 milliards de francs en 1994, la firme anglo-hollandaise basée à Rotterdam devance le Suisse Nestlé, ce qui la met en tête de toute l'Europe dans ce domaine. Elle emploie 304 000 personnes dans plus de 500 sociétés implantées dans 80 pays et commercialise environ 1 000 marques. L'Europe reste de loin son secteur de prédilection mais sa place aux États-Unis se développe en même temps que commence sa pénétration au Japon. Avec une augmentation rapide de son budget consacré à la recherche (5 milliards de francs en 1994), Unilever prépare l'avenir.

■ La répartition du chiffre d'affaires par zones géographiques (1994)

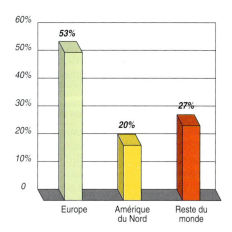

■ La répartition du chiffre d'affaires par secteurs d'activité

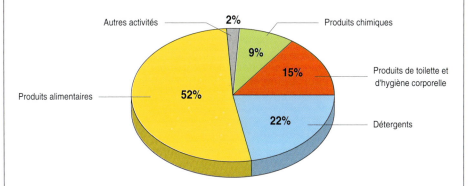

Les acquisitions et les cessions d'Unilever en 1994

En 1994, 22 acquisitions ont été réalisées pour un montant de 4,9 milliards de francs. Les plus importantes sont :
- Ortiz-Miko, aliments surgelés et crèmes glacées en France,
- Bertolli, huile d'olive en Italie et aux États-Unis,
- Frudesa, aliments surgelés en Espagne,
- Tomco, détergents en Inde,
- Beatrice ice cream, crèmes glacées au Canada (participation),
- Tio Rico, crèmes glacées au Venezuela,
- Cica, produits à base de tomate en Argentine,
- Kwality, crèmes glacées en Inde (participation),
- Touflet, pâte crue surgelée en France.

Les cessions se sont montées à 1,2 milliards de francs cette même année.

Les entreprises

> « La libre concurrence entre les entreprises reste l'un des facteurs déterminants à la base de la construction européenne. » La Commission des Communautés européennes précise ainsi en juin 1988 le système dans lequel s'inscrivent les entreprises. Dans ce cadre se sont constituées de très grosses firmes : parmi les 100 premières du monde en 1997, 38 appartiennent à l'Europe des Quinze, 30 aux États-Unis et 24 au Japon. À côté, les très nombreuses PME occupent une place essentielle dans le tissu industriel européen.

Le poids des grandes entreprises

L'importance des investissements nécessaires pour créer de nouvelles unités de production et le besoin de faire face à la concurrence internationale ont stimulé la formation de groupes puissants. Ce mouvement de concentration s'est accéléré en liaison avec l'échéance de 1993. Il conserve un caractère national dominant mais l'échelle européenne est, de plus en plus, prise en compte. Ainsi, par l'acquisition d'entreprises de différents pays de l'Union, Danone (ex-BSN), 1er groupe agro-alimentaire français, est devenu le 1er producteur mondial de produits laitiers frais, le 2e pour les pâtes alimentaires avec, entre autres, Panzani, le 1er biscuitier européen et le 2e brasseur (Kronenbourg, Kanterbrau…).

L'importance des PME

95 % des entreprises de l'Union sont des PME. Elles représentent 2/3 de l'emploi industriel. Leur souplesse, leur dynamisme et leur capacité à innover leur permettent de s'adapter rapidement aux transformations. Depuis quelques années, la politique de l'Union vise à les aider à accéder au niveau européen. La création des Euroguichets pour diffuser l'information et leur favoriser l'accès aux innovations technologiques s'accompagne de l'apport de crédits par la BEI (Banque européenne d'investissements).

La place des investissements étrangers

Les capitaux étrangers, américains et japonais notamment, concernent essentiellement le pétrole, la construction automobile, l'informatique et l'électronique. Ils s'investissent dans toute l'Europe des Quinze, mais plus particulièrement au Royaume-Uni et en Allemagne ; en Irlande, les entreprises étrangères représentent la moitié de l'activité industrielle du pays.

L'évolution du secteur public

C'est d'abord dans les régimes totalitaires que l'État a contrôlé une partie de l'économie : l'IRI (Institut pour la reconstruction industrielle) de l'Italie fasciste ou l'INI (Institut national industriel) de l'Espagne franquiste. Au lendemain de la guerre, la France, le Royaume-Uni et l'Autriche ont connu un important mouvement de nationalisations. Depuis le début des années 80, et à l'exception des phases de gouvernement socialiste en France, une vague de privatisations a réduit la place de l'État. Plus marquée au Royaume-Uni (British Petroleum…), elle a concerné toute l'Europe des Quinze plus ou moins tardivement, le Portugal en 1989-1990, l'Autriche à partir de 1992.

LES GRANDES ENTREPRISES EUROPÉENNES

■ **Les quinze premières entreprises (1994)**

Entreprises	Activité	Pays	Chiffre d'affaires*	Effectif (milliers)	Rang mondial
Royal Dutch Shell	Pétrole	P-B – R-U	525	106	4^e
Daimler-Benz	Automobile	All.	355	330	9^e
Siemens	Mat. élect.	All.	289	376	15^e
British Petroleum	Pétrole	R-U	281	66,5	16^e
IRI	Métallurgie	It.	278	366	17^e
Volkswagen	Automobile	All.	273	243	18^e
Unilever	Agro-alim.	P-B – R-U	251	294	21^e
Veba	Pétrole	All.	242	126	22^e
Nestlé	Agro-alim.	CH (hors UE)	230	212	23^e
FIAT	Automobile	It.	226	248	24^e
Deutsche Telekom	Télécomm.	All.	209	225	25^e
Elf-Aquitaine	Pétrole	Fr.	207	89	27^e
RWE	Divers	All.	190	117	31^e
Philips	Électronique	P-B	185	253	33^e
EDF	Électr.	Fr.	183	117	36^e

* en milliards de francs français 1994. Source : « Le 5 000 », *Le Nouvel Économiste*, 1995.

■ **La répartition des 100 premières entreprises d'Europe occidentale (1994)**

All.	Autr.	Belg.	Dan.	Esp.	Finl.	Fr.	Gr.	It.	Irl.	Lux.	P-B*	Port.	R-U*	Suède	Autres pays européens
29	1	2	–	2	–	29	–	4	–	–	8	–	15	3	7

* Les entreprises anglo-hollandaises, Shell et Unilever, sont comptabilisées aux Pays-Bas.

■ **Les chefs de file dans certaines branches**

	Agro-alimentaire	Sidérurgie-métallurgie	Matériel électrique et électronique
1	Unilever (P-B – R-U)	IRI (It.)	Siemens (All.)
2	BAT Industries (R-U)	Thyssen (All.)	Philips (P-B)
3	Hanson (R-U)	Metallgesellschaft (All.)	Alcatel-Alsthom (Fr.)
4	Ferruzzi (It.)	VIAG (All.)	Bosch (All.)
5	Groupe Danone (Fr.)	Preussag (All.)	General Electric (R-U)
6	Grand Metropolitan (R-U)	Usinor-Sacilor (Fr.)	BTR (R-U)
7	Eridiana Béghin-Say (Fr.)	Krupp (All.)	Electrolux (Suède)
8	Gallaher (R-U)	Pechiney (Fr.)	Thomson (Fr.)

CADRE GÉNÉRAL
LES QUINZE
POLITIQUE
ÉCONOMIE
SOCIÉTÉ
INTERNATIONAL

Le tertiaire

Considéré longtemps comme le 3e secteur de l'économie, le tertiaire se trouve largement en tête avec plus de 60 % du produit intérieur brut (PIB) des pays de la CEE, en 1995, contre 47 % vingt années auparavant. Il représente des activités d'une grande diversité qui englobent tout ce qui n'est ni agriculture, ni industrie.

■ Une évolution spectaculaire du tertiaire

□ Le pourcentage des actifs travaillant dans le secteur tertiaire est passé de 46 à 60 % entre 1970 et 1987. 73 millions d'Européens travaillent dans les services contre 10 dans le secteur primaire et un peu moins de 41 dans le secteur secondaire. Cependant l'Union se situe encore loin derrière les États-Unis (70 % de la population active regroupés dans le tertiaire), alors qu'elle devance le Japon (54 %).
□ Le secteur des services a été le seul à créer des emplois dans les 15 dernières années : environ 30 % d'augmentation du volume des effectifs contre une baisse de 40 % dans l'agriculture et les mines et de 22 % dans l'industrie. C'est tout naturellement dans les pays qui possédaient une forte population active agricole, comme le Portugal et l'Irlande, que l'augmentation relative a été la plus importante.

■ Les raisons de l'évolution

Elles sont liées aux transformations profondes des économies développées et à leurs modes de gestion qui ont exigé de nouvelles qualifications. Par exemple, les fonctions de conseil ont élargi et développé leurs champs d'intervention à l'informatique, au marketing, à la formation des personnels et à la stratégie des entreprises.

■ Un exemple de service : la banque

Dix banques de la Communauté se situent parmi les 27 premières mondiales. Les organismes bancaires jouent un rôle important dans le développement de l'économie et essaient d'étendre leurs activités notamment dans le domaine des assurances. Désormais, les banques assurent sur la vie, la retraite, l'automobile, les accidents… Elles veulent ainsi rentabiliser leurs importants réseaux de succursales en offrant une gamme de produits toujours plus large.

■ Les dix premières banques (1994)

Raison sociale et pays	Bilan (milliards de F)	Rang mondial
1. Deutsche Bank (All.)	1 959	9e
2. Crédit Agricole (Fr.)	1 754	12e
3. Crédit Lyonnais (Fr.)	1 753	13e
4. HSBC Holdings (R-U)	1 710	14e
5. ABN Amro Holding (P-B)	1 539	15e
6. Société Générale (Fr.)	1 486	17e
7. Banque nationale de Paris (Fr.)	1 452	19e
8. Barclays Bank (R-U)	1 378	21e
9. Dresdner Bank (All.)	1 368	22e
10. National Westminster Bank (R-U)	1 341	23e

LE TERTIAIRE DOMINANT

■ Le tertiaire dans l'Union européenne

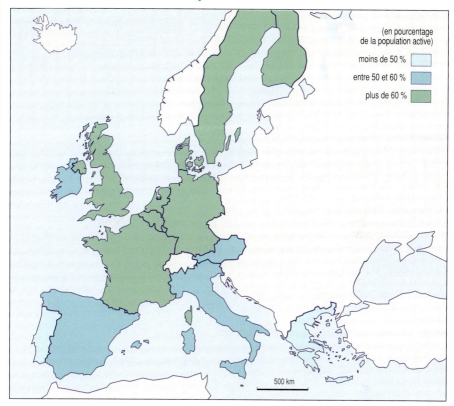

■ Nomenclature du secteur tertiaire
(classification INSEE)

- Services marchands
  - Services rendus aux entreprises.
  - Hôtels - restaurants.
  - Services rendus aux ménages.
  - Commerce et réparation automobile.
- Services non marchands
  - Administrations.
- Location et crédit - bail immobilier
- Organisation financière et assurances
- Commerce
- Transports et télécommunications

■ Les dix premiers assureurs de l'UE (1998)
(chiffres d'affaires en milliards d'euros)

Axa (Fr.)	53,1
Allianz (All.)	52,8
Generali (It.)	42,7
CGNU (R-U)	32,5
ING (P-B)	23
CGU (R-U)	22,6
Prudential (R-U)	18,2
RSA (R-U)	17,8
CNP (Fr.)	17,8
AGF (Fr.)	15

Le tourisme

C'est en Europe occidentale que se développent les premiers grands déplacements touristiques grâce à la présence de moyens de transport modernes et à une organisation précoce des voyages par des agences spécialisées. Avec l'essor de la civilisation des loisirs et l'élévation du niveau de vie, les ressortissants de l'Union multiplient les séjours à l'intérieur de l'Europe. Ils sont aussi de plus en plus nombreux à franchir mers et océans pour satisfaire leur soif d'exotisme.

Les Européens et le tourisme

☐ Si plus de la moitié des habitants de l'Union européenne partent en vacances au moins une fois par an, on constate de grandes inégalités entre les pays : le taux de départ s'élève à 65 % pour les Néerlandais mais seulement à 31 % pour les Portugais ! Le pays que souhaitent visiter en priorité les Européens est la Grèce, avant l'Espagne et la France. Attirés par le soleil et la mer, les touristes du Nord se déplacent en masse, l'été, vers le sud et les stations des pays méditerranéens.

☐ De plus en plus, on assiste à la multiplication des courts séjours de printemps et d'automne ainsi qu'au développement des vacances hors d'Europe : en 1986, plus de 13 millions d'habitants de l'Union ont effectué des séjours touristiques en dehors du Vieux Continent. Par ailleurs, l'allongement de l'espérance de vie a entraîné la naissance d'un tourisme du 3e âge particulièrement florissant. Le tourisme est devenu la plus grande migration humaine du XXe siècle.

Les touristes étrangers en Europe

Les pays de l'Union européenne connaissent une croissance exceptionnelle du nombre de touristes. Ces derniers viennent d'autres continents retrouver leurs racines, comme les Américains du Nord, ou simplement découvrir le patrimoine culturel européen : plus de 5 000 musées et d'innombrables monuments civils et religieux. Les riches touristes américains et surtout japonais sont aussi attirés par les magasins de luxe des grandes capitales ! De plus en plus, les entreprises de tourisme s'efforcent de prolonger les voyages d'affaires des étrangers par des séjours touristiques.

L'organisation et l'importance du tourisme

☐ Près de 3 500 voyagistes ou *tour operators* organisent les voyages et les séjours des vacanciers mais les 9 premiers d'entre eux réalisent plus de 50 % du chiffre d'affaires total. Avec 6,5 millions de lits dans les hôtels classés, les capacités d'hébergement sont exceptionnellement importantes. Le premier groupe hôtelier de l'Union européenne, l'anglais Best Western International se situe au 3e rang mondial en 1992. Il devance ainsi le français Accor.

☐ Économiquement, le tourisme joue un rôle non négligeable puisqu'il représente 5,5 % du PNB de l'Union. Excédentaire et en bonne position dans le monde, le tourisme communautaire peut être menacé par la concurrence de certains pays d'autres continents. Les instances communautaires en sont conscientes et ont fait de 1990 l'Année européenne du tourisme.

LES DÉPLACEMENTS TOURISTIQUES

■ **Destination prioritaire des vacanciers européens (1987)**
(en pourcentage du nombre total des départs)

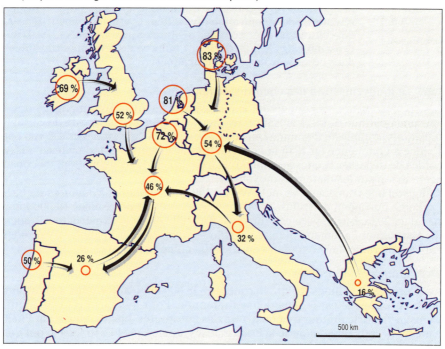

■ **Taux de départ en vacances (1992)**

Pays	% de la population qui part	% de ces vacanciers partis à l'étranger
Allemagne	70	45
Suède	70	66
Pays-Bas	68	47
Danemark	68	36
Belgique	61	35
France	60	16
Royaume-Uni	59	31
Luxembourg	57	94
Italie	55	9
Grèce	50	15
Espagne	49	13
Autriche	45	35
Irlande	39	51
Portugal	31	8

Source : Maison de la France.

■ **La fréquentation touristique en Europe (1997)**

Pays	En millions
1. France	66,9
2. Espagne	43,4
3. Italie	34,1
4. R-U	26
5. Autriche	18,8
6. Allemagne	15,8
7. Grèce	10,2
8. Portugal	10,1
9. Pays-Bas	6,7
10. Belgique	5,9
11. Irlande	5,5
12. Suède	2,9
13. Finlande	1,8
14. Danemark	1,8
15. Luxembourg	0,7

Quid 2000.

Chemins de fer et autoroutes

Les pays du Nord-Ouest de l'Union européenne possèdent des réseaux de communication diversifiés et particulièrement denses, qui contrastent avec ceux des péninsules méditerranéennes. Dans l'ensemble de l'Union, environ 7 millions de personnes travaillent dans ce secteur des communications.

La modernisation des chemins de fer

☐ Les sociétés nationales qui gèrent les transports ferroviaires ont engagé depuis 20 ans une politique de modernisation rendue nécessaire par la vétusté de certaines installations, comme au Royaume-Uni et dans les pays méditerranéens. De son côté, la France a commencé en 1976 la construction des trains à grande vitesse (TGV), capables de dépasser la vitesse commerciale de 250 km/h. Ils permettent de concurrencer l'avion sur les distances moyennes.

☐ La liaison fixe trans-Manche, achevée en 1994, met Londres à 3 heures de Paris. Un schéma européen de trains à grande vitesse prévoit de réaliser 19 000 km de lignes d'ici 2025. Une sévère concurrence s'installe entre le constructeur français GEC-Alsthom et l'allemand Siemens, l'enjeu commercial et financier étant considérable : une rame de TGV coûtait en effet 100 millions de francs en 1989.

Routes et autoroutes

☐ Avec près de 3 millions de km de routes et 38 000 km d'autoroutes, le réseau de l'Union européenne est le plus dense du monde. Pour des raisons stratégiques, l'Allemagne a été la première à construire des autoroutes, bientôt suivie par l'Italie. Les autres grands pays, comme la France, le Royaume-Uni et l'Espagne, n'ont commencé que bien après 1945 la mise en place d'un réseau autoroutier.

☐ Conçu en étoile autour de Paris, le réseau français s'oppose à celui de l'Allemagne, qui s'organise en larges mailles et présente les plus fortes densités avec ceux du Benelux et de l'Italie du Nord.

Quelques données statistiques sur la route (1991)

Pays	Routes (en milliers de km)	Autoroutes (en km)	Autoroutes (nombre de km pour 1 000 km²)
Allemagne	502	10 955	30,6
Autriche	109	1 500	17,8
Belgique	127	1 649	54
Danemark	71	653	15
Espagne	158	2 558	5
Finlande	76	250	0,7
France	888	7 080	13
Grèce	34	92	0,7
Irlande	92	32	0,4
Italie	305	6 214	20,6
Luxembourg	5	78	30
Pays-Bas	110	2 092	50,7
Portugal	97	454	5
Royaume-Uni	382	3 181	13
Suède	136	936	2

LES TRAINS À GRANDE VITESSE

■ **Réalisations et projets de trains à grande vitesse**

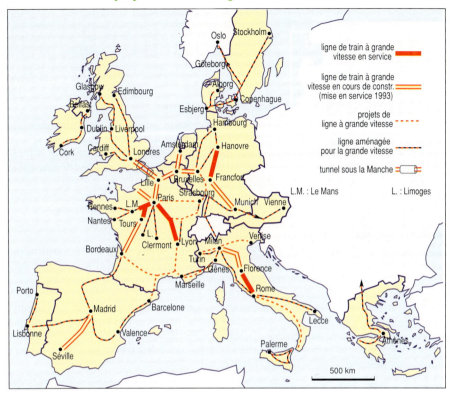

ligne de train à grande vitesse en service

ligne de train à grande vitesse en cours de constr. (mise en service 1993)

projets de ligne à grande vitesse

ligne aménagée pour la grande vitesse

tunnel sous la Manche

L.M. : Le Mans   L. : Limoges

■ **Les records de vitesse sur rail**

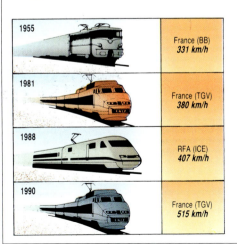

1955	France (BB)	331 km/h
1981	France (TGV)	380 km/h
1988	RFA (ICE)	407 km/h
1990	France (TGV)	515 km/h

■ **Transport de marchandises (1989)**
(en pourcentage du total tonnes-km)

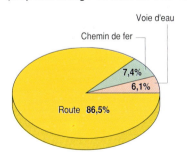

Voie d'eau 6,1%
Chemin de fer 7,4%
Route 86,5%

CADRE GÉNÉRAL
LES QUINZE
POLITIQUE
ÉCONOMIE
SOCIÉTÉ
INTERNATIONAL

Les transports aériens

Les transports aériens constituent un des enjeux majeurs dans le cadre du Marché unique. Les grandes compagnies européennes qui les prennent en charge doivent avant tout satisfaire aux besoins de la clientèle et faire face à la concurrence toujours plus vive des entreprises extérieures à l'Union européenne, et notamment des américaines.

Un trafic aérien en augmentation constante

En dépit de quelques ralentissements liés à la crise économique, le trafic aérien des pays de l'Union européenne n'a cessé de croître. À la fin des années 80, il représente 15 % du trafic mondial des passagers et du fret et il devrait doubler d'ici l'an 2000 ! L'accès aux loisirs de nouvelles couches de la population et les déplacements liés au travail expliquent cette évolution.

L'aménagement et la construction d'aéroports ainsi que des mesures renforçant la sécurité aérienne s'avèrent indispensables face à la croissance du trafic.

De grandes compagnies aériennes

Trois compagnies européennes se situent parmi les dix premières mondiales. À côté de la concurrence à l'intérieur de l'Union, les compagnies doivent faire face à celle, plus redoutable, des Américains. C'est pourquoi on assiste à des accords ou à des regroupements : en France, Air France a racheté UTA en 1990 et pris ainsi le contrôle d'Air Inter. De son côté, British Airways participe au capital de la compagnie belge Sabena et de la néerlandaise KLM tandis que l'allemande Lufthansa a passé des accords avec Air France. En dehors des lignes régulières, les vols affrétés par charters assurent une grande partie du transport des passagers à l'intérieur de l'Union européenne.

Les difficultés de la politique communautaire

Enfin amorcée par le règlement de 1987, la politique européenne se met lentement en place. Elle repose sur une volonté de mise en concurrence complète à l'image de la déréglementation américaine. Cette politique se traduit, par exemple, par l'extension de tarifs économiques pour certaines catégories de passagers (jeunes, groupes, familles, 3e âge…) et l'accès plus libre au marché : un vol de la KLM partant d'Amsterdam pour Marseille pourra se poser à Paris et y embarquer des passagers, concurrençant ainsi les compagnies françaises.

Les cinq premières compagnies

Raison sociale et pays	Nombre de passagers (1994) (en millions)	Chiffre d'affaires (1995) (en milliards de dollars)	Flotte (1994) unité
1. British Airways (RU)	30,2	59,7	231
2. Lufthansa (All.)	30	67,6	264
5. Alitalia (It.)	20,1	25,4	146
4. Air France (Fr.)	15,6	66,5	144
3. Iboria (Esp.)	13,7	17,7	115

LES GRANDS AÉROPORTS

■ Plan de l'aéroport londonien d'Heathrow

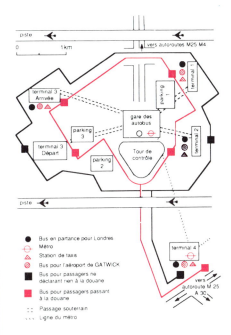

■ Une grande compagnie aérienne : British Airways

C'est la seconde en importance dans l'Union européenne et l'une des premières à échapper au déficit. Elle représente 40 % du trafic de l'aéroport londonien d'Heathrow et assure des liaisons à destination de 70 pays et de 145 villes. 800 vols sont ainsi programmés chaque semaine. En plus de ses lignes régulières (28 millions de passagers), la compagnie affrète de nombreux charters, qui transportent 2,5 millions de personnes chaque année dans toutes les parties du monde. Si sa flotte aérienne vient très loin derrière celle de la compagnie américaine American Airlines (622 appareils), elle domine ses concurrents européens avec 226 appareils. Le rachat de British Caledonian en 1987 avait renforcé la primauté de British Airways dans la CEE. Avec l'achat de TAT (Transport aérien transrégional) en 1992 et avec sa filiale Deutsche BA, British Airways était bien préparée à l'ouverture totale du ciel européen effective en 1997.

■ Le trafic des principaux aéroports (1998)

Aéroport	Passagers (en millions)	Marchandises (en milliers de tonnes)	Aéroport	Passagers (en millions)	Marchandises (en milliers de tonnes)
Londres	98	1 660	Palma	17,6	20
Paris	63,6	1 280	Milan	19,5	210
Francfort	42,7	1 460	Copenhague	16,7	374
Amsterdam	34,4	1 170	Stockholm	17,3	130
Rome	26	270	Bruxelles	18,4	590
Madrid	25,5	280	Barcelone	16	80
Düsseldorf	15,7	67	Berlin	11,8	45
Manchester	17,5	160	Athènes	11	112
Munich	19,3	110	Vienne	10,6	108

Les ports

Par l'importance du trafic maritime et la densité des implantations portuaires, l'Europe occidentale arrive en tête de toutes les régions du globe. Tous les ports y présentent des traits communs : ils reçoivent surtout des produits bruts ou semi-finis, tandis qu'ils expédient en majorité des objets manufacturés. Leur trafic est caractérisé par le déséquilibre entre les entrées et les sorties. De gros travaux y ont été entrepris pour les adapter à l'évolution des techniques du transport maritime : aménagement des bassins et des avant-ports pour accueillir les navires de fort tirant d'eau, construction des installations à quai pour le chargement et le déchargement des porte-conteneurs... La concurrence est vive entre les ports pour capter les flux de marchandises de l'arrière-pays.

Les types de ports

☐ Ils diffèrent par le site, la situation, les activités. Les ports d'estuaire, par exemple, s'opposent aux installations de front de mer.

☐ Les premiers, situés au débouché de grandes voies fluviales, assurent la liaison avec des arrière-pays *(hinterland)* parfois très vastes et très actifs. C'est le cas d'Anvers et de Rotterdam, qui drainent la majeure partie des échanges de la Belgique et de l'espace rhénan.

☐ Les autres s'avèrent plus aptes à l'acheminement rapide des passagers ou à la réception des navires de fort tonnage. Ils donnent souvent naissance à de puissants complexes d'industrie lourde (raffinerie, sidérurgie) installés sur l'eau pour profiter des matières premières acheminées à faible coût par le transport maritime. Dunkerque, Tarente en sont de bons exemples.

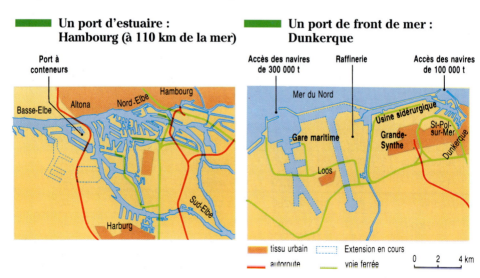

Source : *La Documentation photographique*, n° 6044, La Documentation française, 1979.

LES PRINCIPAUX PORTS

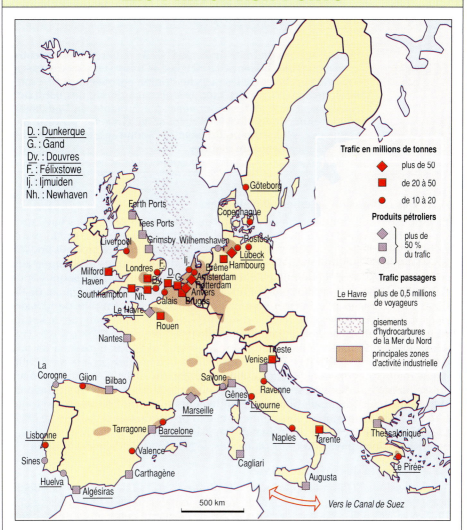

■ Les flottes marchandes (1er janvier 1996)

Pays	Gr.	Dan.	It.	All.	R-U	P-B	Fr.	Suè.	Finl.	Esp.	Lux.	Port.	Belg.	Irl.	Autr.
Tonnage en millions de Tpl (1)	29	6,3	6,2	5,3	5,1	4,1	3,8	2,8	1,4	1	0,8	0,8	0,2	0,2	0,2
Conteneurs 1 000 EVP (2)	101	108	55	353	165	135	45	28	16	13	13	5	–	–	–

(1) tonnes de port en lourd
(2) conteneur équivalent vingt pieds

Images économiques du monde. SEDES. 1996-1997.

Disparités régionales et niveaux de vie

Un des objectifs du traité de Rome était de réduire les écarts entre les régions et les hommes. La richesse se trouve en effet très inégalement répartie entre les pays de l'Union européenne et à l'intérieur de chacun d'entre eux. Les niveaux de vie des habitants connaissent de grandes distorsions : par exemple, un Danois est, en moyenne, quatre fois plus riche qu'un Grec. Il n'en reste pas moins que, globalement, les pays de l'Union se situent parmi les États les plus riches du monde.

Des régions inégalement développées

☐ On oppose traditionnellement une Europe du Nord-Ouest prospère à une Europe de la périphérie à faible niveau de vie. La richesse de la première se traduit par des activités industrielles de pointe, des réseaux de transport développés et une forte concentration de la population dans des agglomérations dont les plus importantes sont des centres de décision. Par contre, les régions périphériques qui vont de l'Irlande à la Grèce en passant par le Portugal et une partie de l'Espagne et de l'Italie sont caractérisées par une forte population agricole (souvent plus de 13 % de la population active totale), une faible productivité de la terre, le manque de sources d'énergie et la faiblesse des implantations industrielles.

☐ C'est en grande partie pour aider ces régions que le Fonds européen de développement régional (FEDER) a été créé en 1975. Il finance des projets de développement régional en liaison avec les collectivités territoriales. Ces projets concernent fréquemment des investissements en infrastructures comme les transports, l'énergie, les télécommunications, les équipements touristiques mais aussi tout ce qui touche à la formation professionnelle et à la protection de la nature. Le FEDER est également intervenu pour subventionner les vieilles régions industrielles en crise, comme les « pays noirs » britanniques, le Nord-Pas-de-Calais et la Ruhr.

Diversité des niveaux de vie

☐ La richesse de l'Union européenne se traduit par un PIB moyen, par habitant et par an, de 18 055 dollars, en 1993, ce qui la laisse loin derrière les États-Unis (24 179) et le Japon (33 638). Six pays se situent au-dessous de cette moyenne : l'Italie, l'Irlande, l'Espagne, la Finlande, le Portugal et la Grèce. Au-delà de la diversité entre les pays, on constate de grandes disparités à l'intérieur des frontières : en Espagne, le PIB par habitant de la Catalogne est le double de celui de l'Estrémadure !

☐ Les différences de richesse se traduisent naturellement dans la répartition des dépenses des ménages. Celles qui concernent l'alimentation occupent une place plus importante dans les pays défavorisés : 34 % des revenus au Portugal contre 24 % au Danemark. Certains indicateurs de niveau de vie comme les dépenses de santé dépendent plus du système de protection sociale que des revenus. C'est ainsi que dans les pays où il existe un service de santé national, comme au Royaume-Uni, ce poste de dépense est faible. Enfin, quel que soit le pays, ce sont les chômeurs qui, en dépit des aides, connaissent les niveaux de vie les plus bas et les situations les plus critiques.

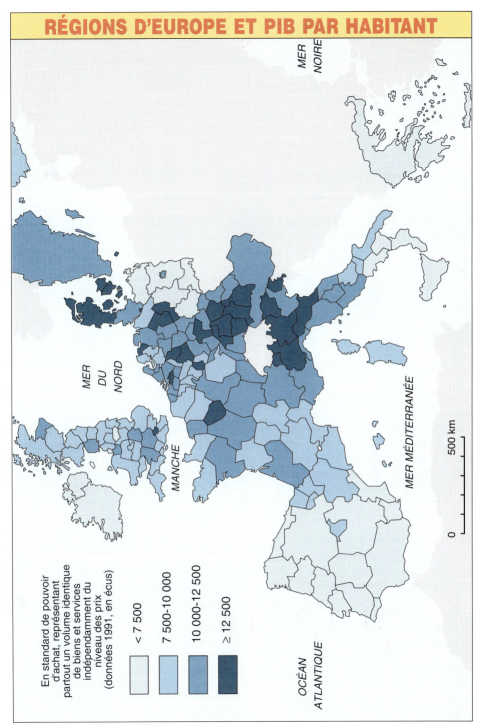

La protection sociale

C'est en Allemagne, dans les années 1880, que les premières formes de protection sociale sont mises en place par un gouvernement. Dans la première moitié du XXe siècle, les autres pays de l'Europe occidentale installent des modalités de protection de plus en plus complètes. C'est le cas, au lendemain de la Seconde Guerre mondiale, du Service national de santé au Royaume-Uni et de la Sécurité sociale en France.

Les populations assurées

Il existe deux modalités d'adhésion au système de protection sociale dans l'Union européenne :
– l'appartenance à la communauté nationale donne le statut d'assuré sans aucune référence à la profession ou à un versement de cotisation ; c'est le cas notamment au Royaume-Uni, en Italie et en Espagne. Financé par le budget de l'État, il s'agit d'un véritable service de santé, qui est parfois mal perçu par le citoyen en raison de certains délais d'attente pour les hospitalisations et de certaines contraintes : chaque patient doit choisir le médecin agréé qui le soignera tout au long d'une année. Une médecine privée existe parallèlement au système officiel ;
– le statut d'assuré est acquis par le versement d'une contribution et par le statut professionnel ; c'est le cas en France, où, en dépit de la « généralisation », 1 % des Français ne sont pas couverts par la Sécurité sociale. Aux Pays-Bas, les citoyens qui disposent d'un revenu supérieur à un certain plafond ne peuvent cotiser : un tiers d'entre eux sont ainsi exclus de la protection sociale officielle.

La protection de la maladie

Elle présente des différences d'un pays à l'autre en raison de la présence ou de l'absence d'un ticket modérateur, c'est-à-dire d'une part des dépenses restant à la charge de l'assuré. L'hospitalisation et les actes des médecins agréés sont gratuits mais, dans certains pays, les assurés supportent le coût d'un forfait journalier (Allemagne, Belgique, France) ou gardent à leur charge un ticket modérateur (Belgique, France). Les médicaments ne sont remboursés intégralement que dans certains pays et dans certains cas : longues maladies, personnes démunies, personnes âgées... Depuis 1980, les ménages participent davantage aux dépenses de santé.

Les autres prestations

☐ La protection sociale de la famille est inégale suivant les pays.
☐ Le montant des allocations peut être uniforme, quel que soit le rang de l'enfant dans la famille, comme au Royaume-Uni ; il peut varier suivant le rang, en France, ou selon les revenus, comme en Italie. Le montant en est parfois indexé sur les prix (France, Belgique) ou fixé par le gouvernement (Royaume-Uni, Allemagne) et peut rester ainsi au même niveau pendant plusieurs années.
☐ Les retraites, attribuées après la période de la vie active, peuvent être uniformes, comme au Danemark ou au Royaume-Uni, ou varier suivant les professions et les versements. En France, au Royaume-Uni, en Grèce et au Danemark, les retraites complémentaires sont obligatoires. Enfin, quels que soient les pays de l'Union, le problème du financement des pensions est posé en raison de la faiblesse de la natalité et de l'allongement de la durée moyenne de la vie.

PRESTATIONS SOCIALES ET DÉPENSES DE SANTÉ

■ Les dépenses de protection sociale (1991)

Pays	All.	Autr.	Belg.	Dan.	Esp.	Finl.	Fr.	Gr.	Irl.	It.	Lux.	P-B	Port.	R-U	Suède
Par habitant et par an (en dollars)	1 659	1 448	1 377	1 151	848	1 426	1 650	404	845	1 408	1 494	1 360	624	1 043	1 443
En % du PIB	8,5	8,4	7,9	6,5	6,7	8,9	9,1	5,2	7,3	8,3	7,2	8,3	6,8	6,6	8,6

■ L'exemple britannique

Les multiples réformes du service national de santé sont toutes allées dans le même sens de la privatisation souhaitée par Mme Thatcher. Près de 10 % de la population sont maintenant couverts par des assurances médicales privées. Énorme machine (800 000 salariés) le NHS (*National Health Service*) offre une couverture médicale gratuite à l'ensemble de la population. Mais la qualité de la médecine est très inégale. Les listes d'attente dans les hôpitaux publics occasionnent des délais pouvant atteindre dix-huit mois. Ni la multiplication par douze en huit ans du ticket modérateur pour les médicaments, ni la privatisation de certains services (cantines, nettoyage...), ni la vente au secteur privé de terrains ou de bâtiments appartenant aux hôpitaux publics n'ont été suffisants pour compenser le plafonnement du budget.

Le Monde, Dossiers et documents, n° 205, 1992.

■ La participation des ménages aux frais de santé
en pourcentage des dépenses totales (1970 - 1980 - 1986)

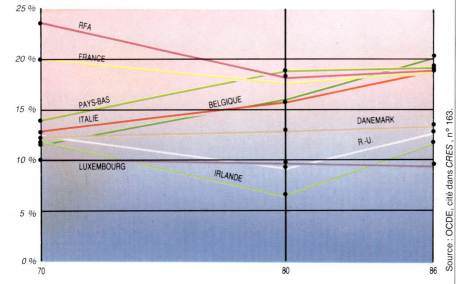

Source : OCDE, cité dans *CRES*, n° 163.

| CADRE GÉNÉRAL |
| LES QUINZE |
| POLITIQUE |
| ÉCONOMIE |
| **SOCIÉTÉ** |
| INTERNATIONAL |

Les étrangers

L'immigration et les déplacements de population en Europe sont des phénomènes très anciens. Ils ont été relativement importants jusqu'à la crise économique de 1973, jouant un grand rôle dans la croissance démographique et économique des pays de la Communauté. Avec les difficultés liées à la crise, les gouvernements ont pris différentes mesures pour limiter l'immigration. Les quinze États accueillent actuellement environ 16 millions d'étrangers : ressortissants des pays membres ou des anciennes colonies européennes.

Les différents aspects de l'immigration

Avant 1973, l'importance des mouvements migratoires en Europe s'expliquait par les considérables besoins de main-d'œuvre des pays industrialisés comme la France ou l'Allemagne. Les travailleurs étrangers venaient généralement de façon individuelle et à titre temporaire. Aujourd'hui, l'immigration dans l'Union européenne prend des caractères nouveaux : les travailleurs étrangers ont souvent été rejoints par leur famille et ils ont tendance à s'installer définitivement. L'immigration clandestine (importante dans les pays du Sud de l'Union) touche davantage des jeunes et des femmes. Enfin, les étrangers qui ont obtenu récemment l'asile politique viennent surtout d'Afrique noire et d'Asie.

Les étrangers dans quatre pays de l'Union européenne
Origine et nombre (en milliers)

Pays d'origine	Belgique (1993)	Pays-Bas (1992)	France (1990)	Allemagne (1990-1993)
Espagne	49	17	216	130
Grèce	19	–	6	320
Italie	217	17	252	550
Portugal	20	–	649	80
Turquie	88	215	197	1 670
Ex-Yougoslavie	–	15	52	600
Algérie	–	–	614	–
Maroc	144	164	575	–
Tunisie	–	–	206	–
Autres pays	372	305	1 177	1 850
Total	909	733	4 168	5 200
Pourcentage de la population totale	9	4,8	7,3	8,3

Le Luxembourg compte 98 000 étrangers ressortissants de l'Union européenne, dont 42 700 Portugais, 20 000 Italiens, 13 300 Français et 10 000 Belges. Le Danemark en compte seulement 26 600, dont 10 000 Britanniques et 8 300 Allemands. Le Royaume-Uni en accueille 754 000, essentiellement des Irlandais : 542 000.

LA PLACE DES ÉTRANGERS

■ **Pourcentage des étrangers dans l'Union européenne**

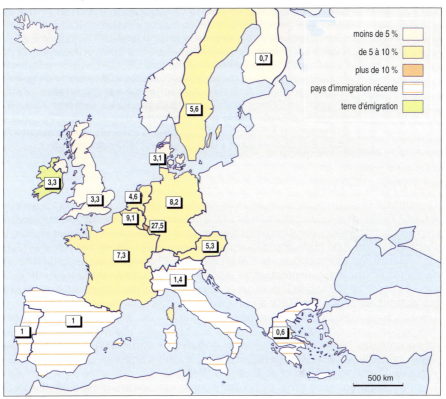

■ **Une situation nouvelle dans l'Europe du Sud**

Pays d'émigration jusque dans les années 60, les États du sud de l'Union européenne sont devenus des terres d'immigration, accueillant une main-d'œuvre étrangère attirée par l'économie souterraine qui s'y développe. Les étrangers en situation irrégulière seraient environ 1 million en Italie, près de 500 000 en Espagne. Il s'agit de Turcs, de Yougoslaves, d'Égyptiens, de Soudanais mais également de ressortissants de l'Union : Portugais travaillant clandestinement en Espagne, Espagnols employés « au noir » en Italie.

■ **Une intégration parfois difficile**

La situation est différente selon les pays et les régions d'accueil, l'origine et le nombre des travailleurs immigrés. Les étrangers d'origine européenne installés depuis plusieurs générations se sont généralement bien intégrés. C'est le cas par exemple des Portugais en France. Mais, avec la crise économique, des tensions apparaissent. Des mouvements anti-immigrés ou même racistes se développent, auxquels sont confrontés, par exemple, les Turcs en Allemagne ou les Maghrébins en France.

Les religions

CADRE GÉNÉRAL
LES QUINZE
POLITIQUE
ÉCONOMIE
SOCIÉTÉ
INTERNATIONAL

Lors d'un sondage d'opinion effectué en 1983, une très grande majorité des habitants de la Communauté déclarait croire en Dieu. Les pourcentages de croyants s'établissaient, par ordre décroissant, de la manière suivante : Irlande 95 %, Espagne 87 %, Italie 84 %, Belgique 77 %, Royaume-Uni 76 %, Allemagne 72 %, Pays-Bas 65 %, France 62 %, Danemark 58 %. La carte religieuse de l'Europe porte la marque des ruptures et des luttes du passé : entre chrétiens d'Orient (orthodoxes) et d'Occident, entre Réforme et Contre-Réforme catholique. Les frontières entre les religions ne coïncident pas avec celles des nations. Cependant, d'une nation à l'autre, des différences existent, qui tiennent à la place des Églises dans l'État et la société de chaque pays.

▬ L'Église et l'État

☐ Un courant historique amorcé au XVIIIe siècle a progressivement conduit vers la tolérance religieuse, la laïcisation de l'État et de la société en Europe occidentale. La force et la nature des liens entre les Églises et le pouvoir civil diffèrent encore largement à l'intérieur de l'Union européenne. Depuis 1905, la France vit sous le régime de la séparation, à l'exception de l'Alsace et de la Lorraine, où les ministres des trois cultes (catholique, protestant et israélite) sont salariés de la République. La prise en charge par l'État de l'entretien des cultes des principales religions reste la règle partout ailleurs dans l'Union européenne.

☐ Les relations avec l'Église catholique et le pape sont, dans la plupart des pays, fixées par des concordats dont les clauses sont révisées par des conventions pour tenir compte des évolutions politiques et sociales : le catholicisme a cessé d'être la religion officielle en Espagne depuis 1979 ; il a fallu s'adapter à la légalisation du divorce au Portugal en 1975 et en Italie en 1984.

☐ Le gouvernement grec envisage d'amorcer la séparation d'avec l'Église orthodoxe. Au Royaume-Uni, le souverain doit appartenir à l'Église anglicane, qu'il jure de protéger en Angleterre, comme l'Église presbytérienne en Écosse ; aucun catholique ne peut prétendre au trône. Le souverain doit être luthérien au Danemark et en Suède, réformé aux Pays-Bas, catholique au Luxembourg.

▬ Les pratiques religieuses

Elles subsistent pour tous dans le calendrier des fêtes officielles. On assiste, d'une manière générale, à la diminution de la pratique religieuse. Si elle concerne encore 91 % des catholiques irlandais, elle est tombée à 46 % pour les Espagnols, 28 % pour les Italiens et seulement 3 à 8 % pour les Portugais du Sud. En revanche, les sectes ont une audience accrue.

▬ Les ministres du culte

	Catholiques	Orthodoxes	Protestants	Anglicans
Célibat obligatoire	oui	non (1)	non	non
Fonction ouverte aux femmes	non	non	oui	oui

(1) sauf pour les évêques

RELIGIONS DOMINANTES ET MINORITAIRES

■ Les religions dominantes

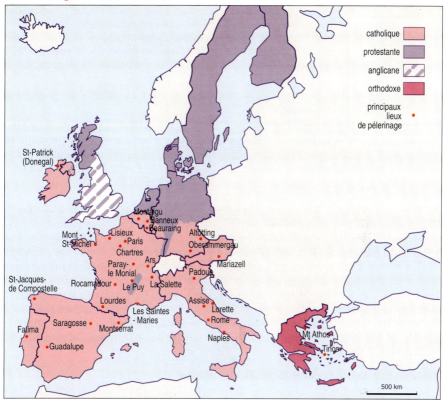

■ Les religions minoritaires

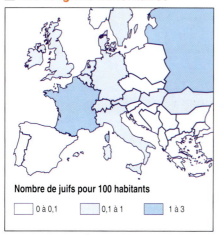

Nombre de juifs pour 100 habitants

0 à 0,1 | 0,1 à 1 | 1 à 3

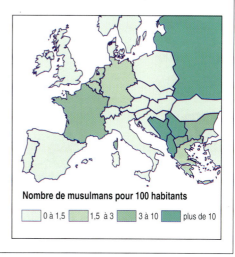

Nombre de musulmans pour 100 habitants

0 à 1,5 | 1,5 à 3 | 3 à 10 | plus de 10

CADRE GÉNÉRAL
LES QUINZE
POLITIQUE
ÉCONOMIE
SOCIÉTÉ
INTERNATIONAL

Les langues

En dépit des racines communes, les langues ont souvent servi de support à l'affirmation des antagonismes nationaux. C'est autour d'elles qu'ont pris naissance les mouvements conduisant à la création des États-nations. Elles peuvent apparaître aujourd'hui comme un obstacle sur le chemin de l'Europe. Pourtant, la construction européenne ne semble pas devoir entraîner leur effacement.

▄▄ Des origines communes

☐ Les langues parlées dans l'Union européenne appartiennent toutes, le basque et le finnois exceptés, à la même vieille famille indo-européenne. Elles peuvent être réparties en 6 grands groupes : roman, germanique, grec, celtique, slave et finno-ougrien. La Grèce, la France, l'Italie, les Pays-Bas, le Portugal, le Danemark, le Royaume-Uni présentent chacun une grande homogénéité linguistique, la situation des autres États offrant un visage différent.

☐ La Belgique possède 3 langues officielles : le néerlandais, le français (wallon) et l'allemand parlés respectivement par 57,5 %, 42 % et 0,5 % de la population. Les Espagnols ont une langue officielle, l'espagnol (castillan), mais 24 % usent du catalan et 3 % du basque. En Irlande, le gaélique est utilisé par près d'un tiers des habitants, les autres n'ont recours qu'à l'anglais. Tout en faisant usage de la même langue écrite, 40 % des Allemands pratiquent, dans la vie courante, l'un des 7 dialectes entre lesquels se partage le territoire de l'Allemagne ! Le dialecte est employé par toutes les catégories sociales dans le Sud, par les milieux populaires seulement, dans le Nord. Quant aux Luxembourgeois, ils sont trilingues : ils apprennent et connaissent à la fois le letzeburgesch, langue nationale, le français, langue officielle, et l'allemand, d'usage courant.

▄▄ La connaissance des langues étrangères

Source : D'après *Libération*, 31 mars 1989.

Nombre de langues étrangères parlées (suffisamment pour suivre une conversation) 0 1 2   Total par pays : 100 %

PAYS-BAS : 28 / 29 / 43 (0, 1, 2 et +)
RFA : 60 / 33 / 7
FRANCE : 67 / 26 / 7
ROYAUME-UNI : 74 / 20 / 6
ITALIE : 76 / 19 / 6
IRLANDE : 80 / 17 / 3

En Belgique, au Danemark, aux Pays-Bas et au Portugal, les langues étrangères sont obligatoirement enseignées dès le primaire. En Espagne, en France, en Allemagne, cet enseignement débute dès la première année du secondaire, à partir de la troisième en Italie et au Royaume-Uni ; il reste optionnel en Irlande.

LA PLACE DES LANGUES DANS L'UNION EUROPÉENNE

■ **Les aires linguistiques**

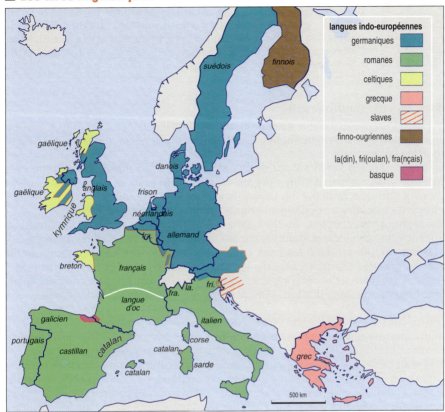

■ **La politique communautaire**

Depuis le 1er janvier 1986, les langues officielles de la Communauté étaient au nombre de neuf. Elles sont passées à onze avec l'entrée de l'Autriche, de la Finlande et de la Suède : l'allemand, l'anglais, le danois, l'espagnol, le français, le grec, l'italien, le néerlandais, le portugais, le finnois et le suédois. Cependant, la langue de travail de la Commission demeure le français, même si l'anglais s'impose dans les relations entre les fonctionnaires. Il ne s'agit pourtant pas de se prononcer pour une langue unique de l'Europe, qui dominerait les autres. Au contraire, le Conseil européen a choisi de favoriser le développement de la connaissance de toutes les langues : chaque Européen devrait être trilingue.

Source : *Dossiers du Monde*, mai 1989.

Les villes

CADRE GÉNÉRAL
LES QUINZE
POLITIQUE
ÉCONOMIE
SOCIÉTÉ
INTERNATIONAL

L'Union européenne est la partie du monde où les villes sont le plus nombreuses et regroupent la plus grande partie de la population : plus de 7 habitants sur 10 sont des citadins. Centre de direction politique et économique, foyer d'activités industrielles et commerciales, lieu d'échanges et de création culturelle, la ville a donné sa marque à la civilisation de l'Europe occidentale.

La ville traditionnelle

Elle porte l'empreinte d'une longue histoire, dont les principales étapes se lisent sur les façades des monuments et des maisons, dans le tracé des rues. On y distingue le plus souvent :
– un centre ancien serré autour de la cathédrale, des églises, du château ou de l'Hôtel de ville. La circulation s'organise suivant un plan en damier, en étoile ou radioconcentrique, ponctué des carrefours de quelques grandes places. Souvent, un boulevard circulaire se déploie à l'emplacement des anciens remparts ;
– des faubourgs regroupant ateliers, entrepôts et quartiers d'habitation populaires construits au XIXe siècle et dont les gares constituent les pôles d'animation ;
– la banlieue, où, au long des axes routiers, se succèdent habitat pavillonnaire, usines et grands ensembles séparés les uns des autres par des terrains vagues ;
– l'espace « rurbain », qui comprend les villages environnants dont les noyaux anciens disparaissent au milieu des lotissements, jusqu'à s'agréger à la ville voisine.

Des réseaux urbains variés

☐ Dans chaque pays, des liens hiérarchiques se sont établis entre les différentes villes. Ils ont donné naissance à deux grands types de réseau urbain :
– le réseau centralisé, dominé par une seule grande capitale qui concentre la plupart des pouvoirs de décision comme c'est le cas de Paris, de Londres et de Bruxelles ;
– le réseau multipolaire, constitué de plusieurs métropoles comparables par la taille, l'importance de leurs fonctions et de leur rayonnement. L'Allemagne, l'Italie en offrent de bons exemples.
☐ On assiste à la généralisation du phénomène de métropolisation : les grandes agglomérations président à l'organisation des espaces régionaux et nationaux.

Les villes à l'heure de l'Europe unie

☐ L'effacement des frontières et l'établissement du Marché unique en 1993 mettent les villes de l'Union européenne en concurrence. Pour conserver leur influence et renforcer leur capacité d'attraction, elles doivent résoudre de multiples problèmes : réhabiliter les quartiers centraux, remédier à l'engorgement de la circulation automobile, offrir aux citadins des espaces de loisirs, de détente et de culture, proposer de bonnes conditions matérielles et fiscales aux entreprises. Il leur faut également faire face à la spéculation foncière et à la ségrégation sociale qui l'accompagne.
☐ Beaucoup de villes n'atteignent pas la taille suffisante pour accomplir les investissements à la mesure de ces exigences. S'associer avec d'autres, dans des projets de développement et d'aménagement complémentaires, paraît une solution possible, déjà mise en œuvre dans les régions Rhin-Main, Emilie-Romagne, Vénétie et Randstad Holland.

LES PRINCIPALES AGGLOMÉRATIONS

■ La répartition de la population urbaine

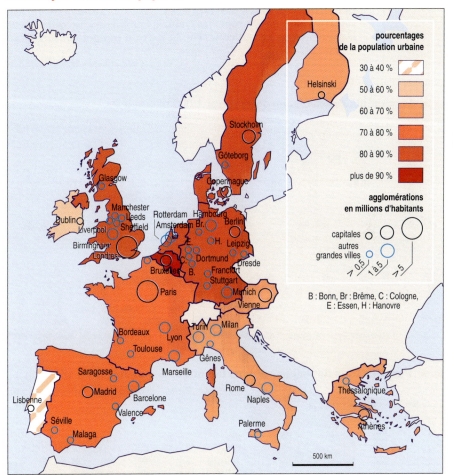

■ Des exemples de croissance urbaine

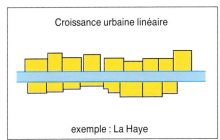

Croissance urbaine linéaire

exemple : La Haye

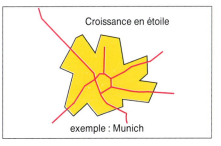

Croissance en étoile

exemple : Munich

Le logement

L'étude des statistiques portant sur le prix des logements neufs et la densité des parcs immobiliers révèle de grandes disparités selon les pays de l'Europe des Quinze. Par ailleurs, les différences s'atténuent en ce qui concerne la part du budget consacrée au logement.

■ **Logements construits en 1993** (pour 1 000 habitants)

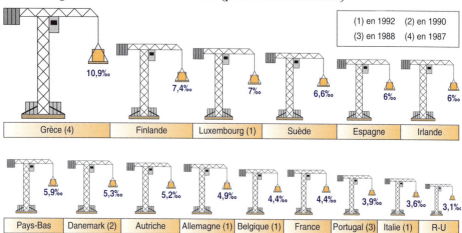

(1) en 1992 (2) en 1990
(3) en 1988 (4) en 1987

■ **Part des frais de logement dans le budget des ménages en 1991** (en %)

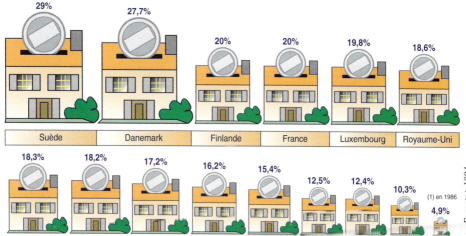

(1) en 1986

Source : *Eurostat*, 1994.

L'ACCÈS AU LOGEMENT

■ **La répartition du parc de logements** (en %)

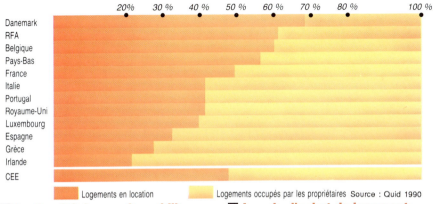

Logements en location   Logements occupés par les propriétaires   Source : Quid 1990

■ **La densité du parc immobilier**   ■ **Le prix d'achat du logement**

Pays	Nombre de logements pour 1 000 habitants
Allemagne	423
Belgique	400
Danemark	427
Espagne	393
France	437
Grèce	348
Irlande	271
Italie	368
Luxembourg	386
Pays-Bas	354
Portugal	286
Royaume-Uni	388
Union européenne	307

Villes	Prix du m^2 neuf en immeuble résidentiel en 1993 (en francs)*
Rome	5 384
Paris	4 671
Vienne	3 442
Luxembourg	3 401
Helsinki	3 235
Berlin	2 930
Madrid	2 832
Amsterdam	1 952
Athènes	1 734
Lisbonne	1 658
Londres	1 547
Stockholm	1 398
Dublin	1 392
Bruxelles	1 367

* sauf Londres (1988), Rome (1990), Lisbonne et Helsinki (1991)

CADRE GÉNÉRAL
LES QUINZE
POLITIQUE
ÉCONOMIE
SOCIÉTÉ
INTERNATIONAL

La délinquance

Après le chômage, la délinquance vient au 2ᵉ rang des préoccupations des habitants de l'Union européenne. Pour y faire face, les Quinze mettent en place une politique fondée sur deux piliers : la répression et la prévention.

La grande délinquance

☐ Elle comprend les homicides volontaires, les vols à main armée et les attentats. Ces derniers ont été nombreux et meurtriers en Allemagne et en Italie dans les années 70 en raison des actions de groupes extrémistes. Ils persistent au Royaume-Uni et en Espagne du fait de mouvements nationalistes.

☐ D'une façon générale, la criminalité se concentre dans les grandes agglomérations. Le chômage, les poches de pauvreté, les tensions inter-ethniques et la dégradation de l'habitat dans les villes industrielles sinistrées expliquent en grande partie ce constat dramatique.

☐ En ce qui concerne les viols déclarés, ils sont plus nombreux dans les pays situés au nord de l'Union européenne que dans ceux du Sud : cinq fois plus de délits par exemple au Danemark qu'au Portugal.

Les autres formes de violence

☐ La toxicomanie : elle multiplie ses ravages dans les milieux urbains et touche surtout les jeunes. L'Espagne constitue la tête de pont privilégiée du trafic en provenance de l'Amérique latine. Par exemple, en 1988, 3,5 tonnes de cocaïne ont été saisies, ce qui représentait plus que la totalité des prises de tous les autres pays de l'Union européenne. Les Pays-Bas, le Royaume-Uni et la France sont également des plaques tournantes importantes.

☐ Le suicide : cause non négligeable de mortalité, il atteint davantage les pays du Nord que ceux du Sud, dans lesquels les relations sociales et familiales restent plus structurées. Les tentatives de suicide nécessitent entre 600 000 et 700 000 hospitalisations par an, notamment chez les jeunes de 15 à 24 ans.

☐ Les accidents de la route : en 1992, ils ont fait 1 560 000 victimes, dont 46 300 morts.

Les Européens face à la violence

☐ L'importance croissante de la criminalité et surtout de la petite et moyenne délinquance explique le gonflement de la population des prisons. De gros efforts sont effectués en vue d'assurer la réinsertion des détenus à leur sortie de prison. En ce qui concerne la toxicomanie, la politique de répression vise, outre les peines infligées aux trafiquants, les opérations de blanchiment de l'argent de la drogue facilitées par le secret bancaire, notamment en Suisse et au Luxembourg.

☐ Une politique de prévention est mise en place. En France, par exemple, il existe plus de 500 conseils communaux de prévention. Si cette prévention doit être l'affaire de tous, elle ne peut réussir que si elle est accompagnée d'actions plus générales, visant à réhabiliter les logements des quartiers sinistrés par la crise, à lutter contre l'échec scolaire, à favoriser la formation professionnelle et l'insertion des populations immigrées et, enfin, à créer des emplois.

QUELQUES DONNÉES STATISTIQUES

■ Les homicides volontaires (1993)
(taux pour 100 000 habitants)

Pays-Bas	27
Allemagne	9
Danemark	5
France	5
Italie	5
Royaume-Uni	4
Belgique	3

■ Les saisies de stupéfiants enregistrées par Interpol

	Héroïne (en kg)	Cocaïne (en kg)	Résine de cannabis (en tonnes)
Total	7 225	40 909	255
Europe	2 907	2 391	92
France	145	286	9,7

Source : D' Le Guilledoux, *L'Esprit de la drogue*, Éd. Autrement, 1989.

■ La population carcérale (1991)

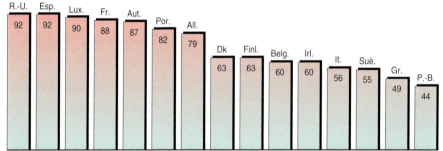

Nombre de prisonniers pour 100 000 habitants

R.-U. 92, Esp. 92, Lux. 90, Fr. 88, Aut. 87, Por. 82, All. 79, Dk 63, Finl. 63, Belg. 60, Irl. 60, It. 56, Suè. 55, Gr. 49, P.-B. 44

■ Les peines maximales d'emprisonnement pour le trafic des stupéfiants

Pays	Peine	Pays	Peine	Pays	Peine
Allemagne	4 ans	France	20 ans	Luxembourg	5 ans
Belgique	5 ans	Grèce	20 ans	Pays-Bas	12 ans
Danemark	2 ans	Irlande	Perpétuité	Portugal	12 ans
Espagne	6 ans	Italie	15 ans	Royaume-Uni	Perpétuité

Source : Mission interministérielle de lutte contre la toxicomanie, oct. 1989.

■ Les accidents mortels de la route (1992)

Par million de véhicules en circulation

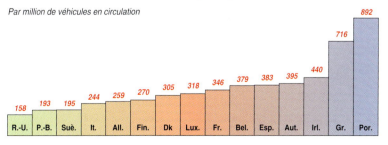

R.-U. 158, P.-B. 193, Suè. 195, It. 244, All. 259, Fin. 270, Dk 305, Lux. 318, Fr. 346, Bel. 379, Esp. 383, Aut. 395, Irl. 440, Gr. 716, Por. 892

CADRE GÉNÉRAL
LES QUINZE
POLITIQUE
ÉCONOMIE
SOCIÉTÉ
INTERNATIONAL

Le travail

Dans chacun des pays de l'Union, la main-d'œuvre conserve des habitudes et des horaires de travail qui lui sont propres. Des tendances communes se font jour comme le développement de l'emploi féminin et du temps partiel.

Population active et emploi (1992)

	All.	Autr.	Belg.	Dan.	Esp.	Finl.	Fr.	Gr.	Irl.	It.	Lux.	P-B	Port.	R-U	Suède
Pop. active (M)	38,9	3,6	4	2,8	15,1	2,4	24,5	3,9	1,3	23,2	0,1	6,9	4,6	28,3	4,4
Taux d'activité (%)	49,1	46,8	40,6	55,8	39,2	49,6	44,2	40,2	38	40,8	44	47	48,2	50	51,7
Emploi tot. (M)	36,5	3,2	3,7	2,6	12,4	2,1	22	3,6	n.d	21	0,1	6,5	4,5	25,6	4,2
Part des femmes (%)	41,7	42	39,4	46,3	32,9	49	43,3	34,8	n.d	35,1	37	39,4	44,1	44,5	46

Le travail salarié à temps partiel

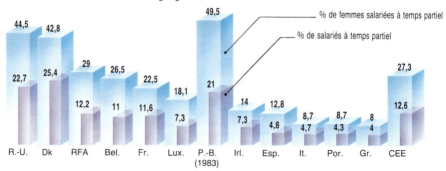

Source : *L'Europe en chiffres*, 1989.

La durée du travail

	All.	Autr.	Belg.	Dan.	Esp.	Finl.	Fr.	Gr.	Irl.	It.	Lux.	P-B	Port.	R-U	Suède
Âge légal départ retraite H/F	65/65	65/60	60/60	67/67	65/65	63/63	60/60	65/60	65/65	60/55	65/65	65/65	65/62	65/60	67/67
Jours de congés payés	29	n.d	25	25	25	n.d	25	22	20	22,5	25	23,5	22	23	n.d
Heures de travail hebdomadaires (1991)	37,1	n.d	35,7	34,1	39,5	n.d	37,4	40	38,5	37,8	38,4	32,1	40,6	37,1	n.d

CHÔMAGE ET SALAIRES

■ Structure du chômage

	All.	Autr.	Belg.	Dan.	Esp.	Finl.	Fr.	Gr.*	Irl.	It.	Lux.	P-B	Port.	R-U	Suède
Taux de* chômage % de la pop. act.	11	4,5	9	4,8	19,5	(1995) 17,2	12	(1995) 9,8	9,4	12	2,2	4,6	6,5	6,5	8,3
% des** femmes parmi les chômeurs	53	–	58,3	51,1	48,4	–	53	59,9	38,5	56,1	51,2	52,6	51,4	33,1	–
% de** – 25 ans parmi les chômeurs	13,2	–	25,4	20,6	33,7	–	28	44,4	33,9	48,2	37,2	34,3	34,6	30,6	–

* début 1998   ** 1993-1994

■ Revenu des ménages (en dollars)

	All.	Autr.	Belg.	Dan.	Esp.	Finl.	Fr.	Gr.	Irl.	It.	Lux.	P-B	Port.	R-U	Suède
Revenu annuel moyen par ménage	43 418 (1993)	–	–	29 613 (1988)	25 800 (1992)	24 728 (1991)	37 720 (1990)	–	–	–	29 800 (1987)	33 040 (1992)	–	25 490 (1992)	18 400 (1990)
% du revenu provenant des salaires	81,9	–	49,6	48,2	48,5	59,7	51,7	37,2	58,6	41,7	88,6	58,5	41,1	61,9	60,3

■ Salaires féminins et salaire masculin

Pour 100 francs perçus par un homme, combien gagne une femme ?

Italie	Danemark	France	RFA	Pays-Bas	Irlande	Belgique	
80	76,2	73,2	67,9	65,4	62	49	100

N. B. : L'occupation d'emplois de moindre qualification, l'importance du travail à temps partiel, le moins grand nombre d'heures supplémentaires expliquent, pour l'essentiel, le décalage entre salaires féminins et masculins.

D'après *Libération*, 12 mai 1989.

Les syndicats

Le syndicalisme des salariés dans l'Union européenne présente plusieurs visages, dont les traits sont hérités de l'histoire, des structures économiques, sociales et culturelles de chaque pays. Il se rattache à deux grands courants :
– le mouvement socialiste, né au XIXe siècle et divisé en trois grandes tendances, social-démocrate, dont se réclament par exemple les « trade unions » britanniques, anarchiste-révolutionnaire, communiste ;
– le christianisme social, apparu ultérieurement.

■ Les organisations syndicales

Celles de l'Europe du Nord, riches et puissantes, bénéficient souvent d'un quasi-monopole. Elles regroupent un grand nombre de travailleurs, gèrent de multiples associations et, attachées à la pratique de la négociation, elles ne s'en montrent pas moins combatives. Dans le Sud, la division syndicale est plus fréquente, les syndiqués constituent une minorité parmi les travailleurs. Partout, les syndicats doivent faire face à une crise qui se traduit par la baisse des effectifs et la désaffection à l'égard du militantisme.

■ Taux de syndicalisation (1991) (en pourcentage)

	Finl.	Suède	Dan.	Autr.	Belg.	Irl.	Lux.	R-U	It.	All.	Gr.	Port.	P-B	Esp.	Fr.
Taux de syndicalisation	85 (1988)	85	73,2	60 (1988)	53	52,4	49,7	41,5	39,6	33,8	30	30	25	16	12

■ Les grèves

(jours perdus par an pour cause de grève pour 1 000 salariés)

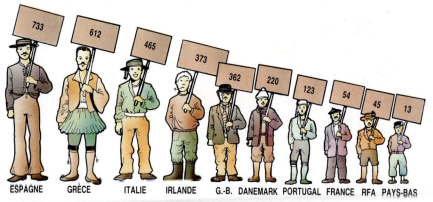

N.B. : Nombre de jours négligeable en Belgique et au Luxembourg.

Source : D'après *Libération*, 8 juin 1990.

PRINCIPALES ORGANISATIONS

État	Principales organisations syndicales	Effectif (en milliers)	Affiliation
Allemagne	Confédération des Syndicats Allemands (DGB)	7 800	CISL, CES
	Fédération Allemande des Fonctionnaires (DBB)	700	
	Fédération Syndicale Allemande des Employés (DAG)	500	
	Fédération Allemande des Syndicats Chrétiens (CGD)	300	CMT
Belgique	Fédération Générale du Travail de Belgique (FGTB)	1 110	CISL (1), CES (4)
	Confédération des Syndicats Chrétiens (CSC)	1 300	CMT (2), CES
	Centrale Générale des Syndicats Libéraux (CGSLB)	200	
Danemark	Confédération Danoise (LO)	1 200	CISL, CES
	Fédération des Fonctionnaires et Employés (FTF)	250	CES
Espagne	Union Générale des Travailleurs (UGT)		CISL, CES
	Confédération des Commissions Ouvrières (CCOE)	1 500	
	Union Syndicale Ouvrière (USO)	50	CMT
France	Confédération Générale du Travail (CGT)	1 600	FSM (3)
	Confédération Française Démocratique du Travail (CFDT)	900	CES
	CGT-Force Ouvrière (CGT-FO)	1 100	CISL, CES
	Confédération Française des Travailleurs Chrétiens (CFTC)	260	CMT
	Confédération Générale des Cadres (CGC)	241	
	Fédération de l'Éducation Nationale (FEN)	450	
Grèce	Confédération Générale des Travailleurs Grecs (GSEE)	500	CISL, CES
	Union Générale des Syndicats de Fonctionnaires (ADEBY)	300	
Irlande	Confédération des Syndicats Irlandais (ICTU)	550	CES
Italie	Confédération Générale Italienne du Travail (CGIL)	4 000	CES
	Confédération Italienne des Syndicats Libres (CISL)	3 000	CISL, CES
	Union Italienne du Travail (UIL)	1 000	CISL, CES
Luxembourg	Confédération Syndicale Indépendante du Luxembourg (OGBL)	44	CISL
	Confédération Luxembourgeoise des Syndicats Chrétiens (LCGB)	15	CMT
Pays-Bas	Confédération des Syndicats Néerlandais (FNV)	900	CISL, CES
	Fédération Nationale des Syndicats Chrétiens (CNV)	280	CMT, CES
Portugal	Confédération Générale des Travailleurs Portugais, Intersyndicale Nationale (CGTP-IN)	1 500	
	Union Générale des Travailleurs (UGT)	1 000	CISL, CES
R-U	Trade Union Congress (TUC)	9 000	CISL, CES

(1) Confédération Internationale des Syndicats Libres (social-démocrate).
(2) Confédération Mondiale du Travail (courant chrétien).
(3) Fédération Syndicale Mondiale (tendance communiste).
(4) Confédération Européenne des Syndicats, créée en 1973.

Source :
L'Europe des Communautés, « Les notices de la documentation française », 1989.

CADRE GÉNÉRAL
LES QUINZE
POLITIQUE
ÉCONOMIE
SOCIÉTÉ
INTERNATIONAL

L'école

L'« Europe des marchands » est en voie d'achèvement. Les Quinze ressentent la nécessité de promouvoir l'« Europe des citoyens ». Cette ambition passe par la formation de la jeunesse et par le rapprochement des systèmes scolaires. Des réalisations : le réseau Eurydice pour la diffusion de l'information sur l'éducation, le programme Lingua pour l'amélioration de la connaissance des langues étrangères, le programme Yes pour l'Europe pour développer les échanges entre jeunes. Par ailleurs, des évolutions convergentes se manifestent dans les domaines de la pédagogie, de la formation des maîtres...

Les élèves

□ Les effectifs scolaires (à plein temps et à temps partiel) 1991-1992 (en millions)

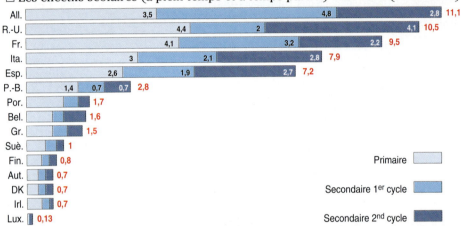

□ La chute de la natalité en Europe occidentale a entraîné la diminution du nombre des enfants scolarisés dans le primaire, de 29 millions en 1971-1972 à 23 en 1986-1987. Aux Pays-Bas et au Royaume-Uni, on peut être accueilli dans le primaire dès quatre ans, ce qui diminue d'autant l'effectif des maternelles. Quant aux lycéennes, elles sont venues enrichir le secondaire : leur proportion parmi les filles de quinze ans est passée de 62 à 94 % entre 1970-1971 et 1984-1985.

Public et privé

□ Pourcentage des élèves dans l'enseignement privé en 1990

Irl.	Gr.	Lux.	All.	It.	Dan.	Port.	Fr.	Esp.	Belg.	P-B
1,4	4,7	5,2	5,5	7,3	8,5	9,9	18,6	36,8	57,7	73,2

□ La distinction entre public et privé n'a pas la même signification suivant les pays. En Italie, en France, en Espagne, privé peut être assimilé à confessionnel ; ailleurs, comme aux Pays-Bas, il a simplement le sens d'enseignement d'initiative privée, marque de pluralisme. Les cours de religion figurent à l'emploi du temps des établissements publics dans de nombreux pays, comme l'Irlande, le Danemark, la Grèce...

L'ENSEIGNEMENT

■ Organisation de la scolarité obligatoire

	Calendrier annuel Août S O N D J F M A M J J T	Jours de classe par semaine	Heures de cours par semaine	Durée d'un cours	Limites de la scolarité obligatoire
All.	200 à 226 jours suivants les Länder	L → S (matin)	17 h à 28 h [a] 29 h à 33 h [b]	45 min	de 6 à 18 ans [c]
Belg.	182 jours	L → V	23 h 20 [a] 26 h 40 [b]	50 min	de 6 à 18 ans [c]
Dan.	200 jours	L → V	1re année 15 h jusqu'à 30 h	45 min	de 7 à 16 ans
Esp.	220 jours	L → V	25 h	50 min	de 6 à 14 ans
Fr.	316 demi-journées	L → V	27 h [a] 24 h à 38 h [b]	50 min	de 6 à 16 ans
Gr.	175 jours	L → V (matin ou a.m.)	23 h à 30 h suivant école		de 5 ans et demi à 14 ans et demi
Irl.	180 à 200 jours suivant type ens. sec. prim.	L → V	23 h 30 [a] 30 h [b]	40 min	de 6 à 15 ans
It.	200 à 210 jours	L → S	24 h à 30 h [a] 30 h [b]	50 min	de 6 à 14 ans
Lux.	36 semaines (216 jours)	L → S (matin)	30 h		de 5 à 15 ans
P-B	200 à 240 jours suivant le régime dates fixées en fonction des zones	L → V [a] L → S [b]	22 h à 25 h [a] 24 h à 32 h [b]	60 min	de 5 à 17 ans [c]
Port.	175 jours	L → S	22 h 30		de 6 à 15 ans
R-U	195 jours (400 sessions) variable	L → V	25 h	35 à 40 min	de 5 à 16 ans

(a) primaire (b) secondaire (c) possibilité de suivre un enseignement à temps partiel au-delà de 15 ans en Belgique et en Allemagne, au-delà de 16 ans aux Pays-Bas.

■ Les enseignants

	Dan.	It.	Belg.	Lux.	Irl.	R-U	P-B	Gr.	All.	Fr.	Esp.	Port.
Nbre d'instituteurs pour 1 000 hab.	7,91	4,83	4,73	4,71	4,43	4,03	3,98	3,77	3,56	3,09	–	–
% de femmes parmi les enseignants	41,2	72	57,4	74,8	61,6	58,8	38,1	51,2	–	63,1	58,5	–

Sources : *Atlas tout en cartes*, Format Europe, Éd. Prodiges ; *Libération*, 2 mars 1990.

CADRE GÉNÉRAL
LES QUINZE
POLITIQUE
ÉCONOMIE
SOCIÉTÉ
INTERNATIONAL

Les étudiants

Avec 5,4 millions d'étudiants en 1975-1976 et 10 millions en 1991-1992, les Quinze ont bénéficié d'un accroissement considérable des effectifs de l'enseignement supérieur au cours des deux dernières décennies. Ceux-ci représentent 14 % de la population scolaire. La Communauté a mis en route les programmes COMETT (Community in education and training for technology) et ERASMUS (European action scheme for the mobility of university students). Le premier visait à développer la collaboration entre universités et entreprises, le second à promouvoir les échanges entre étudiants et professeurs des différents pays de l'Union. Des efforts restent à accomplir pour faire passer dans la pratique la directive du 23 juin 1988 pour une reconnaissance mutuelle des diplômes de l'enseignement supérieur.

■ L'accès à l'enseignement supérieur

Deux groupes de pays sont à distinguer de ce point de vue :
– ceux dans lesquels l'accès est ouvert à tous les élèves ayant satisfait aux épreuves de l'examen qui sanctionne la fin des études secondaires, le baccalauréat en France, l'Abitur en Allemagne au sortir du *Gymnasium*, par exemple ;
– ceux où les candidats sont soumis à un examen ou un concours d'entrée, comme c'est le cas en Belgique, au Danemark, au Royaume-Uni, en Espagne et en Grèce. Dans ces deux derniers États, il est précédé d'une année de préparation dans un cours d'orientation universitaire ou un centre post-secondaire préparatoire. Le Luxembourg ne possédant pas d'université, les étudiants doivent poursuivre leurs études à l'étranger, généralement en France ou en Allemagne ; ils s'y préparent pendant un an dans un cours universitaire. Enfin, les écoles européennes, au nombre de 9 pour l'instant, délivrent un diplôme de fin d'études secondaires donnant accès à toutes les universités des pays membres de l'Union.

■ Dépenses consacrées à l'éducation (en pourcentage du PIB)

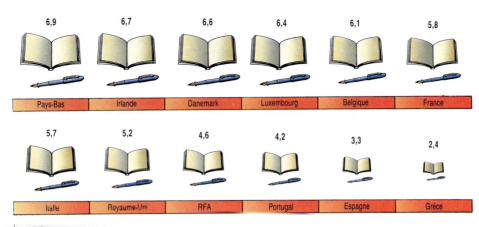

ÉTUDIANTS ET UNIVERSITÉS

■ L'enseignement supérieur

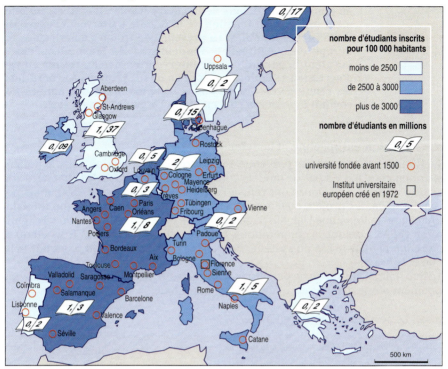

■ La répartition des étudiants par domaine d'études (en %)

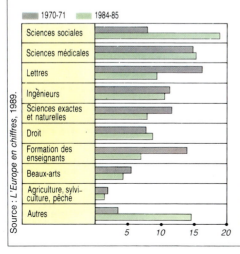

■ Le nombre d'étudiantes pour 100 étudiants masculins

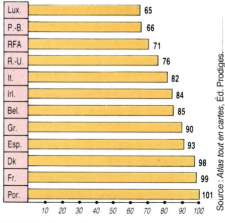

Les armées

> Le système de défense des pays de l'Europe de l'Ouest s'est mis en place dès les débuts de la guerre froide ; il était essentiellement organisé en fonction de la crainte éprouvée à l'égard de l'URSS et de ses alliés. La présence de troupes américaines en Europe en constituait le fondement : les États européens y voyaient la garantie d'une intervention des États-Unis en cas d'agression soviétique contre l'un d'eux. Le nouveau cours dans les relations Est-Ouest, amorcé depuis la fin des années 80, conduit à réviser la conception et l'organisation du système.

L'Union européenne et la défense

☐ La Communauté n'est pas parvenue à instaurer la coopération dans le domaine des armements. Il n'y a pas de modèle commun pour les avions, les chars, les sous-marins d'attaque. Les Douze ont refusé l'avion américain Hornet 2000, mais pour se lancer dans des projets concurrents : la France dans la construction du Rafale, l'Allemagne, le Royaume-Uni, l'Espagne et l'Italie dans celle de l'European fighting aircraft (EFA). Lorsque la coopération s'installe, elle se fait à deux, trois ou quatre pays, comme dans le cas du système de transmission Rita, mis au point par la Belgique et la France.

☐ L'Acte unique européen ne paraît pas offrir le cadre institutionnel propre au développement d'une défense européenne plus autonome.

Le service militaire (en mois)

All. (1)	Autr.	Belg.	Dan.	Esp.	Finl.	Fr. (1)	Gr.	Irl.	It.	Lux.	P-B	Port.	R-U	Suède
12	8	néant	4 à 12	9	néant	10 ou 12 16 (2)	21 à 25	néant	12(a) 18(b)	néant	9 mois (3)	4(a) 8(b)	néant	7 à 8 mois

(1) statut pour les objecteurs de conscience : service civil de 20 mois en France et de 15 mois en Allemagne. Effectifs servant au titre d'objecteurs de conscience : France 7 600 (1993), RFA 70 000 (1988). – (2) durée du service au titre de la coopération. – (a) service armée de terre, (b) service armée de l'air et de la marine. – (3) suppression à partir de mars 1996.

Les principales sociétés d'armement européennes (1988)
(en milliards de francs)

Entreprise	Pays	Chiffre d'affaires dans la défense
Thomson-CSF	France	31,5
Daimler-MBB	All.	28
GEC	R-U	19,9
DCN (Arsenaux)	France	17
Aérospatiale	France	15,4
Dassault	France	15,3
CEA	France	8

Entreprise	Pays	Chiffre d'affaires dans la défense
Ferranti	R-U	7,6
GIAT	France	7,1
Matra	France	6,4
SNECMA	France	4,6
Plessey	R-U	4,4
Diehl	All.	3,9

Source : R. Bénichi et N. Nouschi, *Le Livre de l'Europe, Atlas géopolitique*, Éd. Stock, 1990.

LA DÉFENSE EUROPÉENNE

■ L'organisation spatiale

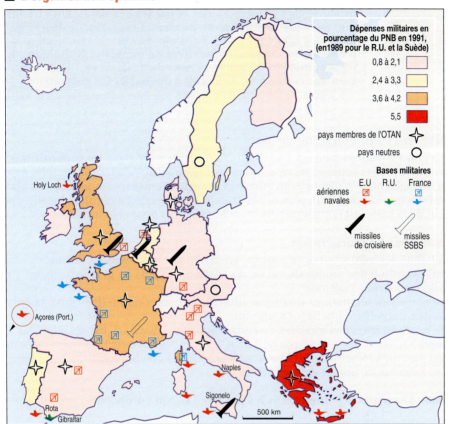

■ Les effectifs des armées (1992-1993) (en milliers)

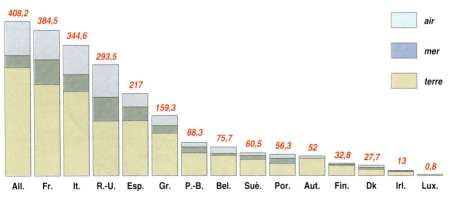

CADRE GÉNÉRAL
LES QUINZE
POLITIQUE
ÉCONOMIE
SOCIÉTÉ
INTERNATIONAL

Les habitudes alimentaires

Les habitudes alimentaires s'expliquent en grande partie par les productions agricoles locales et par les coutumes. Elles traduisent ainsi une certaine façon de vivre. Cependant, le développement des échanges grâce à des moyens de communication de plus en plus rapides, l'apparition de nouvelles techniques de conservation des aliments et l'essor du mode de vie urbain entraînent une certaine uniformisation des habitudes alimentaires.

■ Les cuisines traditionnelles

☐ La cuisine traditionnelle se maintient encore fortement dans les régions rurales. Elle utilise le plus souvent les ressources du milieu local. Ainsi, dans les pays méditerranéens, l'huile d'olive se retrouve à la base de la cuisson des principaux plats.
☐ À l'origine, la boisson la plus usitée traduit la présence de cultures locales ; par exemple la bière est consommée là où sont cultivés l'orge et le houblon.

■ Vers l'uniformisation

Les habitudes alimentaires se sont progressivement modifiées en raison :
– de l'évolution des modes de vie de populations de plus en plus urbanisées, pratiquant la journée continue ;
– de nouvelles techniques de préparation et de conservation des aliments (plats cuisinés, surgelés, emballages sous vide…) ;
– de la pénétration des modèles de restauration américains. C'est ainsi que les Mc Donald's et les Quick's se retrouvent dans les grandes villes de l'Union européenne, aussi bien qu'à Moscou et à Tokyo, avec leurs salades composées, leurs hamburgers, leurs beignets de poulet et leurs glaces.

■ Les petits déjeuners dans les pays de l'Union européenne

QUELQUES DONNÉES

■ **Les principaux fromages** (consommation totale en kg, par hab. et par an)

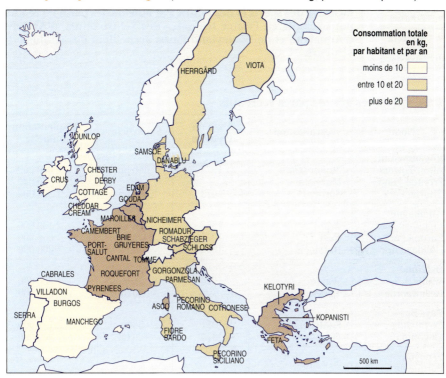

■ **Quelques exemples de cuisine traditionnelle**

- Allemagne : choucroute à la bière.
- Autriche : escalope panée.
- Belgique : flamiche (tarte aux poireaux et au fromage).
- Danemark : filet de porc fruité.
- Espagne : paella.
- France : poulet vallée d'Auge à la crème.
- Grèce : feuilles de vigne farcies.
- Irlande : coq rôti aux pruneaux.
- Italie : lasagnes napolitaines.
- Luxembourg : écrevisses en sauce.
- Pays-Bas : purée de pommes de terre et de chou vert.
- Portugal : plats à base de morue.
- Royaume-Uni : viande de bœuf en gelée.

■ **Les plus gros buveurs de bière (1992)**

(en litres, par hab. et par an)

Pays	Consommation
Allemagne	144
Danemark	128
Autriche	123
Irlande	123
Luxembourg	116
Belgique	111
Royaume-Uni	102
Pays-Bas	90
Espagne	70
France	41
Italie	24

	CADRE GÉNÉRAL
	LES QUINZE
	POLITIQUE
	ÉCONOMIE
	SOCIÉTÉ
	INTERNATIONAL

Le sport et les loisirs

L'accroissement du temps libre a favorisé un développement spectaculaire des sports et des loisirs. Par ailleurs, les parcs récréatifs, par exemple en France les parcs des Schtroumpfs, d'Astérix, d'Aqualand et de Disneyland Paris, accueillent des millions de visiteurs.

Quelques grands parcs récréatifs

Nom	Localisation	Date de création	Superficie	Fréquentation annuelle
Royaume-Uni				
Alton Towers	Staffordshire	1974	450 ha	2 000 000
Frontier Land	Morelambe	–	–	1 500 000
Thorpe Park	Surrey	1973	300 ha	1 300 000
Allemagne				
Phantasialand	Brühl	1967	28 ha	2 100 000
Europa Park	Rust	1975	36 ha	1 850 000
Holiday Park	Hassloch	1972	40 ha	1 200 000
Belgique				
Walibi	Wavre	1974	25 ha	1 600 000
Bellewaerde	Ypres	–	40 ha	650 000
Pays-Bas				
De Efteling	Kaatsheuvel	1951	58 ha	2 100 000
Flevohof	Flevoland	1975	120 ha	900 000
Espagne				
Parque de Atracciones	Barcelone	1975	13 ha	1 300 000
Italie				
Gardaland	Lac de Garde	1975	20 ha	1 300 000
Danemark				
Tivoli	Copenhague	1843	5 ha	4 000 000
Legoland	Billhund	1968	18 ha	1 200 000

Le nombre de parcours de golf existants

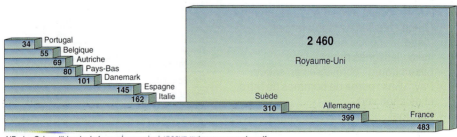

NB : La Grèce, l'Irlande, le Luxembourg n'ont chacun qu'un parcours de golf.

LE SPORT ET LES LOISIRS

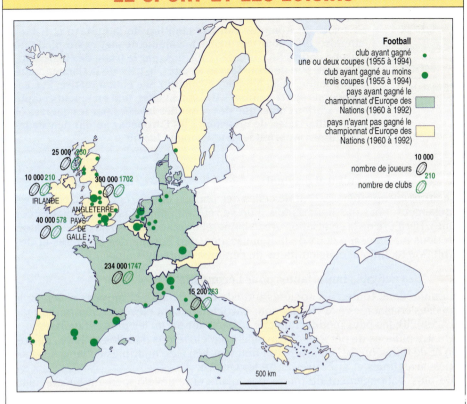

■ **Médailles obtenues aux Jeux Olympiques**

Pays	ÉTÉ 1996 Atlanta (États-Unis)				HIVER 1994 Lillehammer (Norvège)				Total été + hiver
	Or	Argent	Bronze	Total	Or	Argent	Bronze	Total	
Allemagne	20	18	27	65	9	7	8	24	89
Autriche	0	1	2	3	2	3	4	9	12
Belgique	2	2	2	6	-	-	-	-	6
Danemark	4	1	1	6	-	-	-	-	6
Espagne	5	6	6	17	-	-	-	-	17
Finlande	1	2	1	4	0	1	5	6	10
France	15	7	15	37	0	1	4	5	42
Grèce	4	4	0	8	-	-	-	-	8
Irlande	3	0	1	4	-	-	-	-	4
Italie	13	10	12	35	7	5	8	20	55
Pays-Bas	4	5	10	19	-	-	-	-	19
Portugal	1	0	1	2	-	-	-	-	2
Royaume-Uni	1	8	6	15	0	0	2	2	17
Suède	2	4	2	8	2	1	0	3	11

La culture

CADRE GÉNÉRAL
LES QUINZE
POLITIQUE
ÉCONOMIE
SOCIÉTÉ
INTERNATIONAL

> Le traité de Rome ne fait pas mention de la culture et il faut attendre 1984 pour voir naître la volonté de mettre sur pied une Europe culturelle, volonté réaffirmée par le traité de Maastricht. Pourtant, peu de temps avant sa mort, le père de la Communauté européenne, Jean Monnet, avouait : « Si c'était à refaire, je commencerais par la culture. » Il s'agit en effet, tout en tenant compte des traditions ainsi que des séquelles laissées par les guerres et les totalitarismes, de rassembler les Européens autour de valeurs communes empruntées à une longue histoire.

▬ Un espace culturel original

La culture européenne rassemble celles des nations et des régions qui conservent jalousement leurs particularismes. Elle se réfère néanmoins à des valeurs communes. Héritière de la civilisation gréco-latine, elle doit beaucoup aux apports judéo-chrétiens mais aussi à ceux de la Renaissance, de l'Europe des Lumières et de la révolution technique et scientifique de l'époque contemporaine.

▬ Des activités importantes pour l'économie

□ Comme dans toutes les sociétés industrielles à hauts et moyens revenus, les dépenses consacrées à la culture sont particulièrement élevées : elles varient de 3 à 6 % du PIB, les pays méditerranéens se trouvant parmi les plus défavorisés.
□ Quatre millions de personnes travaillent à plein temps dans les activités de création et de diffusion de la culture, qui donnent lieu à de multiples échanges scientifiques, artistiques et littéraires entre les Quinze.
□ De plus, l'allongement du temps des loisirs et le développement spectaculaire des moyens audiovisuels permettent, d'année en année, à un plus grand nombre d'Européens de se cultiver par le livre, l'enseignement, la presse, le théâtre, le cinéma, la télévision, les musées, les voyages...

▬ Le livre, support de la culture

Le livre permet d'accéder aux principaux savoirs. Pour préserver le réseau de distribution des libraires, la plupart des pays de l'Union appliquent le prix unique à l'intérieur des frontières. Cependant, le marché reste disparate puisque le taux de TVA s'élève à 20 % au Danemark et qu'il est inexistant au Royaume-Uni. Les éditions de livres de poche, véritable révolution, permettent d'assurer une plus grande diffusion des œuvres auprès d'un large public. Chaque année, des salons du livre se tiennent à Bruxelles, Francfort et Paris tandis que Bologne accueille les éditeurs spécialisés dans les ouvrages pour la jeunesse.

▬ Le multimédia : une nouvelle machine à communiquer

L'Union européenne est confrontée à la mondialisation des systèmes d'information multimédia, véhicules nouveaux de la culture. Elle doit être présente dans ce champ de la communication constitué de réseaux électroniques et satellitaires sans frontières, fonctionnant en temps réel et en permanence. Le développement de la culture européenne ne peut être dissocié d'investissements massifs dans ces nouvelles technologies.

MUSÉES, MONUMENTS ET FESTIVALS

■ **Monuments et musées les plus visités (1992)**
(en millions de visiteurs)
- Le centre Georges-Pompidou, Paris (8,2)
- Le British Museum, Londres (6,3)
- La tour Eiffel, Paris (5,5)
- Le musée du Louvre, Paris (4,9)
- La National Gallery, Londres (4,3)
- Le château de Versailles (3,2)
- Le musée Tussaud, Londres (2)
- Le musée du Prado, Madrid (1,7)
- La Tate Gallery, Londres (1,5)
- Le Science Museum, Londres (1,2)
- Les Invalides, Paris (1,2)
- Les Offices, Florence (1,1)
- Le musée Rembrandt, Amsterdam (1)

■ **Ventes publiques de tableaux célèbres**
- 1970 (oct.) : Velázquez, *L'Esclave de Velázquez*, Londres, 30 MF.
- 1984 (juil.) : Turner, *Folkestone*, Londres, 85 MF.
- 1985 (mars) : Van Gogh, *Les Tournesols*, Londres, 267 MF.
- 1987 (nov.) : Van Gogh, *Les Iris*, Londres, 287 MF.
- 1990 (mai) : Van Gogh, *Le Portrait du Dr Gachet*, New York, 453 MF ; Renoir, *Au Moulin de la Galette*, New York, 429 MF.

> Le terme « musée » semble avoir été utilisé d'abord en Italie, avec son sens actuel, pour désigner des pièces abritant des collections d'art antique appartenant à la famille Médicis. Mais, c'est en Angleterre que s'édifient les deux premiers musées publics, à Oxford en 1677 avec le Ashmolean Museum, et à Londres avec le British Museum (1753). À l'origine, les musées recueillaient le plus souvent des collections propriétés de souverains et de princes puis, par la suite, des œuvres de peintres nationaux et étrangers. Les grands musées européens rassemblent en effet des patrimoines dont l'origine dépasse largement les frontières.

■ **Quelques festivals de musique**
- Belgique : Festival des Flandres (avril-oct.)
- Espagne : Barcelone (oct.)
- France :
  . Bordeaux (mai)
  . Aix-en-Provence (juil.-août)
  . Prades (juil.-août)
- Italie :
  . Florence (mai-juin)
  . Pérouse, musique sacrée (sept.-oct.)
  . Vérone, opéra (juil.-sept.)
- Royaume-Uni : Glyndebourne (mai-août)
- Allemagne :
  . Ansbach, Bach (juil.-août)
  . Bayreuth, Wagner (juil.-août)
  . Bonn, Beethoven (mai-sept.)

■ **Les supports de la culture** *

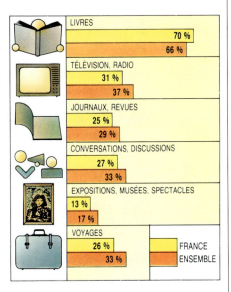

LIVRES 70 % / 66 %
TÉLÉVISION, RADIO 31 % / 37 %
JOURNAUX, REVUES 25 % / 29 %
CONVERSATIONS, DISCUSSIONS 27 % / 33 %
EXPOSITIONS, MUSÉES, SPECTACLES 13 % / 17 %
VOYAGES 26 % / 33 %
FRANCE / ENSEMBLE

* Sondage réalisé par la SOFRES en 1989 sur 5 000 personnes, résidant en Allemagne, Espagne, France, Royaume-Uni et Italie.

CADRE GÉNÉRAL
LES QUINZE
POLITIQUE
ÉCONOMIE
SOCIÉTÉ
INTERNATIONAL

Le cinéma

Alors qu'on produit de plus en plus de films en Europe – 326 en 1985, 473 en 1989, 502 en 1993 – le public déserte les salles de cinéma : de 1955 à 1993, on est passé de 4,3 milliards d'entrées par an à 636 millions. Le nombre de salles ouvertes ne cesse de diminuer : pendant la même période, il est passé de 43 000 à 17 000. La télévision a sédentarisé les spectateurs avec la multiplication des chaînes et le câblage, mais ce sont surtout les magnétoscopes, dont le parc est passé de 2 millions en 1980 à 75 millions en 1992, qui semblent responsables de la chute du nombre des spectateurs en salle.

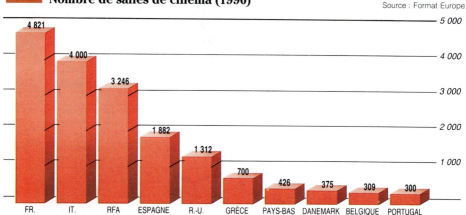

Nombre de salles de cinéma (1990) — Source : Format Europe.

FR. 4 821 — IT. 4 000 — RFA 3 246 — ESPAGNE 1 882 — R.-U. 1 312 — GRÈCE 700 — PAYS-BAS 426 — DANEMARK 375 — BELGIQUE 309 — PORTUGAL 300

La crise du cinéma italien

□ Le cinéma italien, « le plus grand » des années 60 aux yeux de bien des cinéphiles, est particulièrement touché par la crise générale du cinéma ; la chute de fréquentation des salles est vertigineuse : 819 millions d'entrées en 1955, 370 millions en 1977, 195 millions en 1981, 114 millions en 1989, 92 millions en 1992.
□ Or la libéralisation des antennes a abouti à ce que le pays soit quadrillé par près d'un millier de stations privées de télévision : on diffuse plus de 200 films par semaine, et on compte par millions les téléspectateurs qui les regardent. Ceux-ci ont le choix, chaque soir, entre quelque 35 et 40 films...
□ Parallèlement, la production nationale de films a diminué : moins de 100 films par an, alors qu'en 1972 150 films étaient lancés sur le marché.

Les chiffres d'affaires (1992)

Le cinéma français vient en tête avec un chiffre d'affaires de 4 milliards de francs, suivi par le cinéma italien avec 2,5 milliards. Les recettes de la production des quinze pays membres atteignent 17,8 milliards de francs alors que le cinéma américain réalise, à lui seul, 26 milliards de chiffre d'affaires, et ceci pour une population nettement inférieure.

LA CRISE DU CINÉMA EN EUROPE

■ **Fréquentation annuelle des salles de cinéma par habitant (1988)**

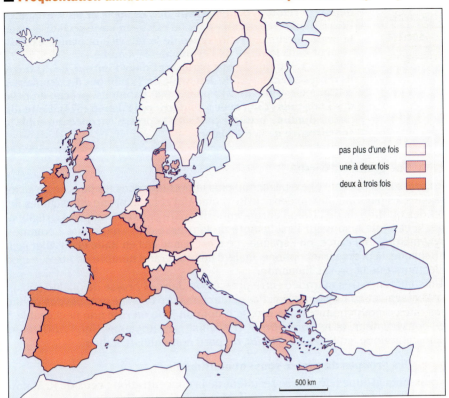

pas plus d'une fois
une à deux fois
deux à trois fois

■ **La concurrence américaine (1993)**

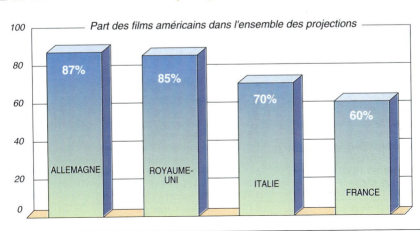

Part des films américains dans l'ensemble des projections

ALLEMAGNE 87%
ROYAUME-UNI 85%
ITALIE 70%
FRANCE 60%

La presse

CADRE GÉNÉRAL
LES QUINZE
POLITIQUE
ÉCONOMIE
SOCIÉTÉ
INTERNATIONAL

> La liberté de la presse est garantie dans tous les États de l'Union depuis le retour à la démocratie de l'Espagne et du Portugal. À l'exception de ce dernier pays où existe un vaste secteur étatisé, la presse écrite, à la différence de la télévision, évolue exclusivement dans le cadre de l'économie de marché.
> Près de 1 400 quotidiens paraissent dans l'Europe des Quinze. Ils représentent une diffusion totale de 78 millions d'exemplaires, soit une moyenne de 213 pour 1 000 habitants, proche de celle des États-Unis (230), mais loin derrière le Japon (574). Cette diffusion diminue presque partout : la presse européenne subit la concurrence de la télévision.

■ Une grande diversité

☐ La presse occupe une place beaucoup plus importante dans les pays anglo-saxons que dans les pays méditerranéens : le Royaume-Uni et l'Allemagne diffusent les deux tiers des quotidiens de l'Union européenne. Il existe partout une presse régionale, mais la capitale a souvent l'exclusivité de la presse dite « nationale » comme au Royaume-Uni, en France, en Espagne ; ce n'est pas le cas en Italie et en Allemagne. En Belgique, la presse francophone, malgré un plus grand nombre de titres, a moins de lecteurs que la presse flamande.

☐ Une différence très marquée entre presse populaire et presse de qualité subsiste en Allemagne et au Royaume-Uni. Par ailleurs, malgré la place notable des publications dites « indépendantes », la presse d'opinion joue un rôle non négligeable : le *Sun*, conservateur, et le *Daily Mirror*, travailliste, au Royaume-Uni, l'*ABC*, monarchiste catholique, en Espagne, l'*Unità*, du parti communiste italien...

■ Des groupes de presse souvent multimédias

De puissants groupes de presse résultent de la concentration : ceux de R. Maxwell (*Sunday People, Daily Mirror*...) et de R. Murdoch (*Times, The Sun*...) au Royaume-Uni, d'Axel Springer (*Die Welt, Bild Zeitung*...) et de Bertelsman (*Die Zeit, Geo*...) en Allemagne, de R. Hersant (*Le Figaro*...) en France, de Carlo De Benedetti (*La Repubblica*...) en Italie ou de Rossel (*Le Soir*...) en Belgique.

■ Les principaux tirages (1992) (en millions d'exemplaires)

Quotidiens	Nombre d'exemplaires	Hebdomadaires-périodiques	Nombre d'exemplaires
Bild Zeitung (All.)	4,4	*ADAC Motorwelt* (All.)	11,5
The Sun (R-U)	3,5	*News of the world* (R-U)	4,6
Daily Mirror (R-U)	3,4	*Télé 7 jours* (Fr.)	3
Daily Mail (R-U)	1,8	*TV Hör zu* (All.)	2,7
Daily Express (R-U)	1,5	*Sunday Mirror* (R-U)	2,7
Westdeutsche Allgemeine (All.)	1,2	*Kampioen* (P-B)	2,6
Neue Kronen Zeitung (Autr.)	1,1	*Bild am Sonntag* (All.)	2,5
Daily Telegragh (R-U)	1	*TV Hören und Sehen* (All.)	2,4
Ouest France (Fr.)	0,79	*Das Haus* (All.)	2,3
Star (R-U)	0,77	*TV Sorrisi e Canzoni* (It.)	2,2
De Telegraf (P-B)	0,74	*Fernsewoche* (All.)	2,1
La Repubblica (It.)	0,73	*Téléstar* (Fr.)	2

LES EUROPÉENS ET LEURS QUOTIDIENS

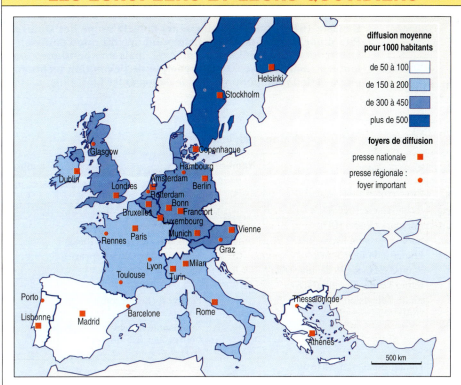

■ Les grands quotidiens nationaux (1992)
(en milliers d'exemplaires)

Allemagne	Süddeutsche Zeitung (Munich)	400
	Frankfurter Allgemeine (Francfort)	386
Autriche	Kurier	385
Belgique	Le Soir	183
Danemark	Ekstra Bladet	185
Espagne	El País	400
Finlande	Helsingin Sanomat	480
France	Le Monde	487
	Le Figaro	402
Grèce	Ethnos	85
Irlande	Irish Independant	149
Italie	La Repubblica (Rome)	727
	Il Corriere della Sera (Milan)	679
Luxembourg	Luxemburger Wort	86
Pays-Bas	De Telegraf	743
Portugal	Diario de Noticias	59
Royaume-Uni	Daily Telegraph	1 020
	Guardian	411
	Times	363
Suède	Dagens Nyheter	384

Source : QUID 1995

CADRE GÉNÉRAL
LES QUINZE
POLITIQUE
ÉCONOMIE
SOCIÉTÉ
INTERNATIONAL

La télévision

Il existe 161 millions de téléviseurs dans l'Europe des Quinze. Plus d'une cinquantaine de chaînes ont une diffusion nationale. La situation est extrêmement diverse, mais une politique commune se met en place, tenant compte de l'évolution technologique et de la compétition avec le Japon et les États-Unis.

Chaînes publiques, chaînes privées

Pays	Secteur public	Nombre de chaînes	Secteur privé	Nombre de chaînes
All.	ARD, ZDF	5	SAT-1, Pro 7	4
Belg.	RTBF, Télé 2, BRT, TV 2	4	RTL-TV indép., VTM	3
Dan.	Danmarks Radio (DR)	4	Kanal 2 (péage)	1
Esp.	Radiotelevision Espanola (RTVE)	6	Antena 3, Canal + Esp. (péage)	3
Fr.	France 2, France 3, Arte*	3	TF1, La 5, M6, Canal + (péage)	4
Gr.	Radio Télévision Hellénique (ERT)	3	Plusieurs chaînes	
Irl.	Radio Telefis Eireann (RTE)	2		
It.	Radio Television Italiana (RAI)	3	Fininvest (Berlusconi), TMC (C. Gori)	5
Lux.			Compagnie Luxembourgeoise de Télévision (RTL-TV)	1
P-B	Fondation néerlandaise de radiodiffusion télévision (NOS)	3		
Port.	Radiotelevisao Portuguesa (RTP)	3	TVI	1
R-U	British Broadcasting Corp. (BBC)	3	ITC, Groupes de presse (plusieurs chaînes)	2
Suède	Kanal 1, SV2	2	NT-TV 4 (Nordisk Television)	1

* chaîne franco-allemande

☐ Le monopole du secteur public, longtemps de règle sauf aux États-Unis, a été battu en brèche d'abord en Italie (1976), puis dans beaucoup d'autres États. Par ailleurs, la diffusion du réseau câblé varie fortement : de 95 % de téléviseurs en Belgique à moins de 20 % en France.

☐ Certains États prennent aussi en compte leurs particularismes : en Belgique, le service public est partagé entre trois établissements en fonction des communautés linguistiques. En Espagne, la troisième chaîne accueille des télévisions autonomistes (Catalogne, Pays basque, Galice), de même en Allemagne avec les *Länder*.

Le développement d'une politique commune

☐ Sur le plan technologique, la TVHD (télévision haute définition) européenne a été mise au point en 1989 par une association de constructeurs menée par Philips, Thomson, Bosch et Thorn-EMI dans le cadre du programme communautaire Eurêka.

☐ Sur le plan culturel, le Livre vert de 1987 prévoit de fixer des quotas pour aboutir progressivement à diffuser des programmes en provenance à 60 % de l'Union européenne ; certains États commencent a y parvenir.

LES EUROPÉENS ET LEURS TÉLÉVISEURS

■ La mise en place de la diffusion par satellite

Les premiers satellites européens de diffusion directe devenus opérationnels en 1990 sont les suivants :
- le projet franco-allemand avec TDF 1 et 2 et TV Sat 2 : 5 canaux pour la télévision diffusant les 6 programmes d'Arte, Canal +, Canal + Allemagne, Canal Enfant, Euromusique, Sport 2 et 3 ;
- le premier satellite britannique, BSB 1A, pour les programmes suivants : Galaxy, Movie Channel, Now, Power Station et Sports Channel ;
- le satellite européen Olympus, qui possède 2 canaux pour la télévision : l'un pour la RAI, l'autre partagé entre la BBC, des émissions de télévision éducatives (Eurostep) et la France.
— Atlantic Sat, pour l'Irlande.
D'autres satellites, comme Hispasat lancé en 1992, complètent régulièrement cet équipement. Deux programmes sont particulièrement importants :
- Astra (Luxembourg), avec la mise en place (achevée en 1996) de 6 satellites ;
- Eutelsat, par l'Organisation européenne de télécommunications par satellite (39 pays membres), dont les 5 derniers satellites (sur un total de 9 lancés) transmettent 49 chaînes TV.

■ La chaîne Euronews

La chaîne européenne d'information par satellite, Euronews, a été lancée le 1er janvier 1993. Elle diffuse les programmes d'information des 39 chaînes de service public membres de l'Union européenne.

■ La redevance TV couleur

Elle n'existe pas en Espagne et au Luxembourg. En Grèce et au Portugal, elle est fonction de la consommation d'électricité. Elle varie beaucoup dans d'autres États :

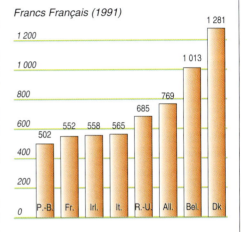

Francs Français (1991)

■ La durée quotidienne d'écoute
(temps moyen d'écoute en minute par jour)

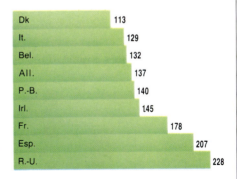

■ Nombre de postes de télévision pour 100 habitants (1992)

All.	Autr.	Belg.	Dan.	Esp.	Finl.	Fr.	Gr.	Irl.	It.	Lux.	P-B	Port.	R-U	Suède
56	48	45	54	40	50	41	20	27	42	27	48	19	43	47

CADRE GÉNÉRAL
LES QUINZE
POLITIQUE
ÉCONOMIE
SOCIÉTÉ
INTERNATIONAL

Le commerce extérieur

Premier importateur et exportateur du monde, l'Union européenne effectue près de 40 % des échanges mondiaux. Les exportations représentent 22 % de son PIB et sont essentiellement constituées de produits industriels de haute valeur. Les échanges intracommunautaires ont connu un essor rapide ils représentent plus de 50 % du commerce extérieur des Quinze.

Part des États membres dans le commerce extérieur de l'U.E. (1993)

Pays	Importations	Exportations	Importations	Exportations
	en millions d'écus		en % du total du commerce extérieur de l'U.E.	
Allemagne	292,5	324,6	23,6	25,7
Autriche	43	34,3	3,5	2,7
Belgique/Lux.	100	106	8,1	8,9
Danemark	26	31,5	2,1	2,5
Espagne	65,2	54,3	5,3	4,3
Finlande	15,4	20	1,2	1,5
France	184,3	184,8	14,9	14,6
Grèce	18,9	7,2	1,5	0,5
Irlande	17,5	24,2	1,4	1,9
Italie	126	143,8	10,2	11,3
Pays-Bas	110,2	118,8	8,9	9,4
Portugal	20,6	13	1,7	1
Royaume-Uni	178,9	153,6	14,4	12,1
Suède	39,5	46,2	3,2	3,6
Total	1 238	1262,3	100	100

Source : *Eurostat*, 1995.

Les principales importations et exportations de la CEE (1992)

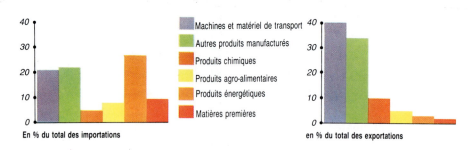

LES COURANTS D'ÉCHANGES

■ **Clients et fournisseurs des Quinze (1992)** (en milliards d'écu)

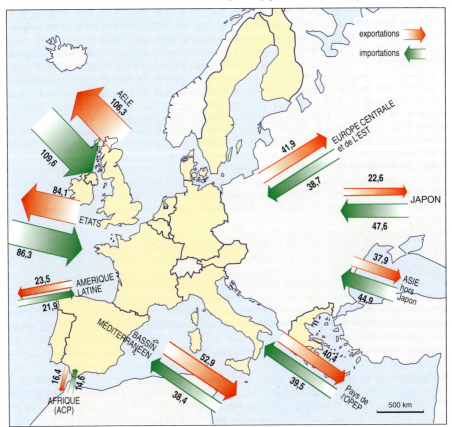

■ **Évolution du commerce extérieur de la CEE (1982-1992)**

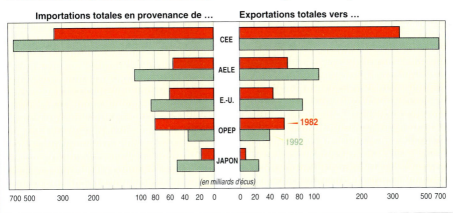

L'Union européenne et le Tiers Monde

> Lors de la création de la CEE, en 1957, certains États membres possédaient encore des colonies. Lorsque celles-ci sont devenues indépendantes, les relations économiques se sont maintenues. La coopération entre l'Union et les pays en voie de développement (PVD) est donc ancienne. Des accords ont été négociés dès 1963 à Yaoundé ; puis les conventions de Lomé ont créé une association destinée à aider les pays du Sud. Le Tiers Monde constitue le 1er partenaire de l'Union européenne.

■ Accords de coopération

☐ De nombreux accords ont été signés avec les PVD :
1963 : convention de Yaoundé, avec 18 pays africains et Madagascar ;
1975 : première convention de Lomé, avec 46 pays d'Afrique, des Caraïbes et du Pacifique ;
1979 : deuxième convention de Lomé, avec 57 États ACP ;
1983 : troisième convention de Lomé ; la priorité est accordée au développement agricole ;
1990 : quatrième convention de Lomé ; l'aide financière doit être renforcée.
☐ Ces accords visent à favoriser le développement économique du Tiers Monde par une coopération technique et financière. Les recettes provenant des exportations de matières premières et de produits agricoles des pays ACP sont garanties par deux systèmes : le Stabex et le Sysmin. Par ailleurs, Lomé 3 et Lomé 4 prennent systématiquement en compte la dimension culturelle et sociale des différents projets de coopération.
☐ L'Europe est également à l'origine du « système de préférences généralisées » adopté par la CNUCED (Conférence des Nations unies pour le commerce et le développement) en 1968 : il supprime les droits de douane sur les importations des produits industriels en provenance des pays du Tiers Monde.

■ Les PVD : des partenaires privilégiés pour l'Union européenne

☐ En plus des conventions de Lomé, qui instaurent une politique d'ensemble, un grand nombre d'accords commerciaux sont conclus dans un cadre bilatéral ou régional, avec l'ASEAN (Association des nations du Sud-Est asiatique) ou avec le Pacte andin (pays d'Amérique latine), par exemple.
☐ 40 % des exportations des pays ACP se font avec l'Union européenne. Ce sont pour l'essentiel des produits bruts : pétrole et gaz naturel, mais aussi du fer du Libéria, de la bauxite de Guinée, de l'uranium du Gabon… et des produits agricoles.
☐ En échange, les Quinze exportent des produits agricoles mais surtout des produits manufacturés et, de plus en plus, des services.

■ L'aide au Tiers Monde : l'Union européenne en tête

L'aide de l'Union ajoutée à celle des États membres constitue la première source d'aide publique au développement, elle dépasse largement l'aide américaine. Les Quinze y participent de façon inégale : la France arrive en tête par le montant global de ses dons mais les Pays-Bas la devancent en pourcentage du PNB (0,8 % contre 0,6 %)

LES ACCORDS DE COOPÉRATION

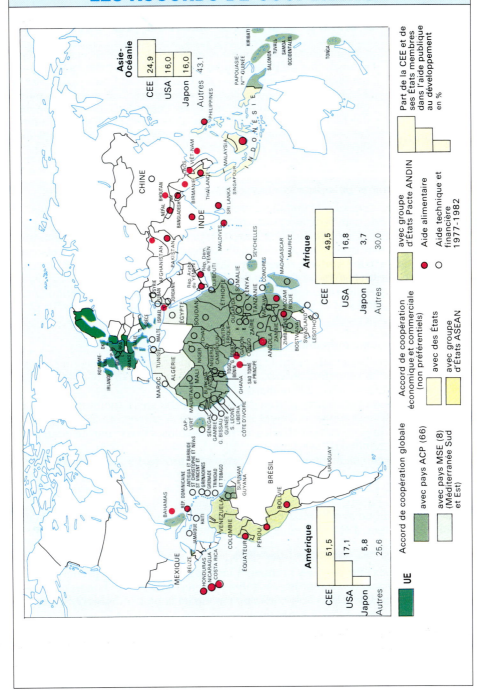

151

CADRE GÉNÉRAL
LES QUINZE
POLITIQUE
ÉCONOMIE
SOCIÉTÉ
INTERNATIONAL

Le poids de l'Union européenne dans le monde

> L'Union européenne possède de réels atouts pour jouer un rôle économique de premier plan à l'aube de l'an 2000 : au 3e rang mondial par sa population – après la Chine et l'Inde –, elle est la 1re puissance du globe par son commerce, la 2e par son économie et la 3e par son rôle financier. Cependant, l'hétérogénéité des États membres rend l'Union encore fragile : elle doit renforcer son unité pour se préparer à devenir un des trois pôles du monde développé, à côté des États-Unis et du Japon.

▬ La première puissance commerciale

☐ Six des dix premiers États commerciaux du monde sont des États membres. De nombreux accords commerciaux sont signés avec des pays de tous les continents, en particulier avec les pays du Tiers Monde. L'Union représente une plaque tournante du trafic maritime et aérien mondial : Rotterdam est le 1er port et trois compagnies aériennes de l'Union européenne – la Lufthansa, Air France et la British Airways – se situent parmi les huit premières du monde.

☐ L'Union Européenne représente également le principal espace touristique mondial, la France, l'Italie et l'Espagne rivalisant avec les États-Unis pour la 1re place parmi les pays d'accueil.

▬ La deuxième puissance économique

☐ Après les États-Unis mais avant le Japon, l'Union européenne joue un rôle très important dans l'économie mondiale. Son PIB représente 5 170 milliards d'écu en 1993, celui des États-Unis, 5 290 milliards.

☐ La puissance de l'économie européenne réside dans son agriculture – la 1re du monde – et dans son développement industriel : la construction automobile, les matières plastiques, le ciment sont au 1er rang. De plus, l'Union européenne est le 1er fournisseur mondial de services.

☐ Mais l'approvisionnement en matières premières provient à 75 % de l'extérieur et la dépendance énergétique est de l'ordre de 45 %. La concurrence étrangère est menaçante : les États-Unis et le Japon dominent dans les industries de pointe et investissent en Europe. Par ailleurs, si l'Acte unique européen a créé en 1993 un espace économique avec un marché de 370 millions d'habitants, l'absence d'une monnaie commune d'échange constitue un handicap.

▬ La troisième puissance financière

☐ Douze banques européennes prennent place parmi les quarante premières mondiales et les transactions sont importantes dans les Bourses de Londres, Paris et Francfort. Même si le dollar reste de loin la monnaie la plus utilisée, l'écu voit son rôle grandir sur le marché international.

☐ De plus, l'Union européenne investit partout dans le monde et, depuis plusieurs années, les capitaux européens entrés aux États-Unis sont supérieurs à ceux placés par les firmes américaines dans l'Union européenne.

L'UNION EUROPÉENNE FACE AUX ÉTATS-UNIS ET AU JAPON

■ Le PIB par habitant (1993)

(en dollars/an)

Union Européenne : 19 712

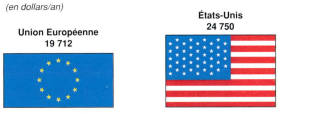

États-Unis : 24 750

Japon : 31 450

■ La superficie, la population, la densité (1998)

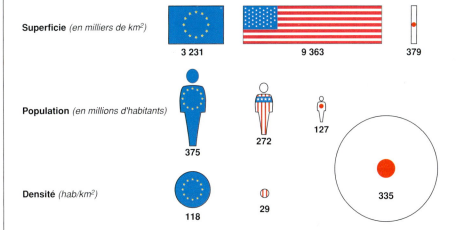

Superficie *(en milliers de km^2)* : UE 3 231 ; États-Unis 9 363 ; Japon 379

Population *(en millions d'habitants)* : UE 375 ; États-Unis 272 ; Japon 127

Densité *(hab/km^2)* : UE 118 ; États-Unis 29 ; Japon 335

■ La production, les importations et les exportations (1998)

	Europe des 15	États-Unis	Japon	Monde
Blé (M de quintaux)	1 050	690	6	5 910
Vin (M d'hectolitres)	155	25	–	262
Bovins (M de têtes)	84	100	5	1 314
Pêche (milliers de tonnes)	7 450	5 448	5 904	117 731
Houille (M de tonnes)	108	928	4	3 659
Électricité (Md de kWh)	2 458	3 699	920	12 852
Pétrole (M de tonnes)	159	376	0,7	3 493
Gaz naturel (Md de m^3)	226	536	2,3	2 343
Acier (M de tonnes)	160	98	94	776
Construction automobile (en millions)	17,2	12	10,2	58,7
Importations (Md de $)	1 987	919	252	5 540
Exportations (Md de $)	2 126	673	374	5 450

Source : d'après *Images économiques du monde*, 2000, SEDES.

LES QUINZE EN CHIFFRES (1998-1999)

ALLEMAGNE

Capitale : Berlin.
Monnaie : deutsche mark.
Superficie : 356 910 km^2.
Population : 82 000 000 hab.
Densité : 230 hab./km^2.
Taux de natalité : 9,7 ‰.
Taux de mortalité : 10,4 ‰.
Taux de mortalité infantile : 4,9 ‰.
Espérance de vie (1) : 80/73 ans.
PIB (en dollars par hab. et par an) : 20 370.
Taux de chômage (en % de la pop. active) : 9,1.
Emploi : secteur primaire, 3 % ; secteur secondaire, 39 % ; secteur tertiaire, 58 %.
Blé : 199 M de qx ; vin : 8,5 M d'hl ; bovins : 15,2 M de têtes.
Énergie : houille, 45 Mt ; lignite, 180 Mt ; électricité, 544 Md de kWh ; pétrole, 2,9 Mt ; gaz naturel, 21 Md de m^3.
Acier : 44 Mt.
Construction automobile : 5,7 M de véhicules.
Importations (en Md d'écus) : 413.
Exportations (en Md d'écus) : 482.

AUTRICHE

Capitale : Vienne.
Monnaie : schilling.
Superficie : 83 849 km^2.
Population : 8 100 000 hab.
Densité : 96,6 hab./km^2.
Taux de natalité : 9,9 ‰.
Taux de mortalité : 9,6 ‰.
Taux de mortalité infantile : 4,8 ‰.
Espérance de vie (1) : 81/74 ans.
PIB (en dollars par hab. et par an) : 20 907.
Taux de chômage (en % de la pop. active) : 4,5.
Emploi : secteur primaire, 7 % ; secteur secondaire, 35 % ; secteur tertiaire, 58 %.
Blé : 13 M de qx ; vin : 1,8 M d'hl ; bovins : 2,2 M de têtes.
Énergie : électricité, 57 Md de kWh ; pétrole, 1 Mt.
Acier : 5,3 Mt.
Importations (en Md d'écus) : 60.
Exportations (en Md d'écus) : 54.

BELGIQUE

Capitale : Bruxelles.
Monnaie : franc belge.
Superficie : 30 521 km^2.
Population : 10 200 000 hab.
Densité : 334 hab./km^2.
Taux de natalité : 11,3 ‰.
Taux de mortalité : 10,3 ‰.
Taux de mortalité infantile : 6 ‰.
Espérance de vie (1) : 81/74 ans.
PIB (en dollars par hab. et par an) : 20 852.
Taux de chômage (en % de la pop. active) : 9.
Emploi : secteur primaire, 3 % ; secteur secondaire, 28 % ; secteur tertiaire, 69 %.
Blé : 17 M de qx ; bovins : 3,1 M de têtes.
Énergie : électricité, 84 Md de kWh.
Acier : 11,6 Mt.
Construction automobile (montage) : 1,1 M de véhicules.
Importations (en Md d'écus) : 149.
Exportations (en Md d'écus) : 160.

DANEMARK

Capitale : Copenhague.
Monnaie : couronne.
Superficie : 43 090 km^2.
Population : 5 300 000 hab.
Densité : 123 hab./km^2.
Taux de natalité : 12,5 ‰.
Taux de mortalité : 11 ‰.
Taux de mortalité infantile : 5,2 ‰.
Espérance de vie (1) : 78/73 ans.
PIB (en dollars par hab. et par an) : 21 502.
Taux de chômage (en % de la pop. active) : 4,7.
Emploi : secteur primaire, 5 % ; secteur secondaire, 26 % ; secteur tertiaire, 69 %.
Blé : 51 M de qx ; bovins : 2 M de têtes.
Énergie : électricité, 41 Md de kWh ; pétrole, 12 Mt.
Acier : 0,8 Mt.
Importations (en Md d'écus) : 41.
Exportations (en Md d'écus) : 43.

Sources : d'après *Images économiques du monde*, 2000, SEDES ; *Eurostat*, 1995.

LES QUINZE EN CHIFFRES

ESPAGNE
Capitale : Madrid.
Monnaie : peseta.
Superficie : 504 782 km².
Population : 39 400 000 hab.
Densité : 78 hab./km².
Taux de natalité : 9 ‰.
Taux de mortalité : 9 ‰.
Taux de mortalité infantile : 5,5 ‰.
Espérance de vie (1) : 82/74 ans.
PIB (en dollars par hab. et par an) : 14 216.
Taux de chômage (en % de la pop. active) : 17,3.
Emploi : secteur primaire, 10 % ; secteur secondaire, 31 % ; secteur tertiaire, 59 %.
Blé : 53 M de qx ; vin : 33 M d'hl ; bovins : 6,1 M de têtes.
Énergie : houille, 12,5 Mt ; électricité, 189 Md de kWh ; pétrole, 0,5 Mt.
Acier : 14,4 Mt.
Construction automobile : 2,8 M de véhicules.
Importations (en Md d'écus) : 112.
Exportations (en Md d'écus) : 93.

FINLANDE
Capitale : Helsinki.
Monnaie : markka.
Superficie : 338 130 km².
Population : 5 200 000 hab.
Densité : 15,4 hab./km².
Taux de natalité : 11,1 ‰.
Taux de mortalité : 9,6 ‰.
Taux de mortalité infantile : 4,2 ‰.
Espérance de vie (1) : 81/73 ans.
PIB (en dollars par hab. et par an) : 21 659.
Taux de chômage (en % de la pop. active) : 10,6.
Emploi : secteur primaire, 9 % ; secteur secondaire, 27 % ; secteur tertiaire, 64 %.
Blé : 4 M de qx ; bovins : 1,2 M de têtes.
Énergie : électricité, 70 Md de kWh.
Acier : 3,9 Mt.
Importations (en Md d'écus) : 29.
Exportations (en Md d'écus) : 39.

FRANCE
Capitale : Paris.
Monnaie : franc.
Superficie : 551 500 km².
Population : 58 400 000 hab.
Densité : 106 hab./km².
Taux de natalité : 12,6 ‰.
Taux de mortalité : 9,2 ‰.
Taux de mortalité infantile : 5 ‰.
Espérance de vie (1) : 82/74 ans.
PIB (en dollars par hab. et par an) : 19 955.
Taux de chômage (en % de la pop. active) : 11,3.
Emploi : secteur primaire, 5 % ; secteur secondaire, 28 % ; secteur tertiaire, 67 %.
Blé : 398 M de qx ; vin : 52 M d'hl ; bovins : 20,4 M de têtes.
Énergie : houille, 5,2 Mt ; électricité, 510 Md de kWh ; pétrole, 1,7 Mt ; gaz naturel, 2,3 Md de m³.
Acier : 20 Mt.
Construction automobile (montage) : 3,8 M de véhicules.
Importations (en Md d'écus) : 274.
Exportations (en Md d'écus) : 286.

GRÈCE
Capitale : Athènes.
Monnaie : drachme.
Superficie : 131 900 km².
Population : 10 500 000 hab.
Densité : 79,6 hab./km².
Taux de natalité : 9,4 ‰.
Taux de mortalité : 9,5 ‰.
Taux de mortalité infantile : 6,3 ‰.
Espérance de vie (1) : 80/75 ans.
PIB (en dollars par hab. et par an) : 11 650.
Taux de chômage (en % de la pop. active) : 11,5.
Emploi : secteur primaire, 21 % ; secteur secondaire, 24 % ; secteur tertiaire, 55 %.
Blé : 21 M de qx ; vin : 3,9 M d'hl ; bovins : 0,6 M de têtes.
Énergie : lignite, 56 Mt ; électricité, 45 Md de kWh ; pétrole, 0,4 Mt.
Acier : 1,1 Mt.
Importations (en Md d'écus) : 23.
Exportations (en Md d'écus) : 9.

LES QUINZE EN CHIFFRES

IRLANDE

Capitale : Dublin.
Monnaie : livre irlandaise.
Superficie : 70 283 km^2.
Population : 3 700 000 hab.
Densité : 52,6 hab./km^2.
Taux de natalité : 14,3 ‰.
Taux de mortalité : 8,6 ‰.
Taux de mortalité infantile : 6,2 ‰.
Espérance de vie (1) : 78/72 ans.
PIB (en dollars par hab. et par an) : 16 431.
Taux de chômage (en % de la pop. active) : 6,8.
Emploi : secteur primaire, 14 % ; secteur secondaire, 28 % ; secteur tertiaire, 58 %.
Blé : 6,5 M de qx ; bovins : 6,9 M de têtes.
Énergie : électricité, 19 Md de kWh.
Importations (en Md d'écus) : 38.
Exportations (en Md d'écus) : 58.

ITALIE

Capitale : Rome.
Monnaie : lire.
Superficie : 301 270 km^2.
Population : 57 700 000 hab.
Densité : 192 hab./km^2.
Taux de natalité : 9,4 ‰.
Taux de mortalité : 9,8 ‰.
Taux de mortalité infantile : 5,5 ‰.
Espérance de vie (1) : 81/76 ans.
PIB (en dollars par hab. et par an) : 19 536.
Taux de chômage (en % de la pop. active) : 12,1.
Emploi : secteur primaire, 7 % ; secteur secondaire, 32 % ; secteur tertiaire, 61 %.
Blé : 81 M de qx ; vin : 51 M d'hl ; bovins : 7,2 M de têtes.
Énergie : électricité, 260 Md de kWh ; pétrole, 5,6 Mt ; gaz naturel, 19 Md de m^3.
Acier : 25,5 Mt.
Construction automobile : 1,6 M de véhicules.
Importations (en Md d'écus) : 193.
Exportations (en Md d'écus) : 215.

LUXEMBOURG

Capitale : Luxembourg.
Monnaie : franc luxembourgeois.
Superficie : 2 586 km^2.
Population : 429 200 hab.
Densité : 166 hab./km^2.
Taux de natalité : 12,7 ‰.
Taux de mortalité : 9,2 ‰.
Taux de mortalité infantile : 4,2 ‰.
Espérance de vie (1) : 80/74 ans.
PIB (en dollars par hab. et par an) : 34 536.
Taux de chômage (en % de la pop. active) : 2,9.
Emploi : secteur primaire, 3 % ; secteur secondaire, 26 % ; secteur tertiaire, 71 %.
Blé : 0,6 M de qx ; vin : 0,16 M d'hl ; bovins : 0,2 M de têtes.
Énergie : électricité, 1,1 Md de kWh.
Acier : 2,5 Mt.
Importations (en Md d'écus) (2) : 6,3.
Exportations (en Md d'écus) (2) : 5,7.

PAYS-BAS

Capitale : La Haye.
Monnaie : florin.
Superficie : 37 330 km^2.
Population : 15 800 000 hab.
Densité : 387 hab./km^2.
Taux de natalité : 12,3 ‰.
Taux de mortalité : 8,8 ‰.
Taux de mortalité infantile : 5,1 ‰.
Espérance de vie (1) : 80/75 ans.
PIB (en dollars par hab. et par an) : 19 341.
Taux de chômage (en % de la pop. active) : 3,4.
Emploi : secteur primaire, 4 % ; secteur secondaire, 24 % ; secteur tertiaire, 72 %.
Blé : 11 M de qx ; bovins : 4,3 M de têtes.
Énergie : électricité, 91 Md de kWh ; pétrole, 2,7 Mt ; gaz naturel, 76 Md de m^3.
Acier : 6,4 Mt.
Construction automobile : 0,3 M de véhicules.
Importations (en Md d'écus) : 175.
Exportations (en Md d'écus) : 187.

LES QUINZE EN CHIFFRES

PORTUGAL
Capitale : Lisbonne.
Monnaie : escudo.
Superficie : 92 390 km^2.
Population : 10 000 000 hab.
Densité : 109 hab./km^2.
Taux de natalité : 11,1 ‰.
Taux de mortalité : 10,7 ‰.
Taux de mortalité infantile : 6,4 ‰.
Espérance de vie (1) : 79/71 ans.
PIB (en dollars par hab. et par an) : 12 849.
Taux de chômage (en % de la pop. active) : 4,3.
Emploi : secteur primaire, 12 % ; secteur secondaire, 32 % ; secteur tertiaire, 56 %.
Blé : 1,4 M de qx ; vin : 5,5 M d'hl ; bovins : 1,3 M de têtes.
Énergie : électricité, 33 Md de kWh.
Acier : 0,9 Mt.
Importations (en Md d'écus) : 33.
Exportations (en Md d'écus) : 22.

ROYAUME-UNI
Capitale : Londres.
Monnaie : livre sterling.
Superficie : 244 880 km^2.
Population : 59 400 000 hab.
Densité : 243 hab./km^2.
Taux de natalité : 12,3 ‰.
Taux de mortalité : 10,7 ‰.
Taux de mortalité infantile : 5,9 ‰.
Espérance de vie (1) : 80/74 ans.
PIB (en dollars par hab. et par an) : 18 360.
Taux de chômage (en % de la pop. active) : 6,3.
Emploi : secteur primaire, 2 % ; secteur secondaire, 29 % ; secteur tertiaire, 69 %.
Blé : 163 M de qx ; bovins : 11,4 M de têtes.
Énergie : houille, 44 Mt ; électricité, 357 Md de kWh ; pétrole, 133 Mt ; gaz naturel, 95 Md de m^3.
Acier : 17,1 Mt.
Construction automobile : 2 M de véhicules.
Importations (en Md d'écus) : 284.
Exportations (en Md d'écus) : 242.

SUÈDE
Capitale : Stockholm.
Monnaie : krona.
Superficie : 449 964 km^2.
Population : 8 900 000 hab.
Densité : 19,8 hab./km^2.
Taux de natalité : 10 ‰.
Taux de mortalité : 10,5 ‰.
Taux de mortalité infantile : 3,6 ‰.
Espérance de vie (1) : 82/77 ans.
PIB (en dollars par hab. et par an) : 18 201.
Taux de chômage (en % de la pop. active) : 7,4.
Emploi : secteur primaire, 4 % ; secteur secondaire, 25 % ; secteur tertiaire, 71 %.
Blé : 22 M de qx ; bovins : 1,7 M de têtes.
Énergie : électricité, 159 Md de kWh.
Acier : 5,6 Mt.
Construction automobile : 0,480 M de véhicules.
Importations (en Md d'écus) : 61.
Exportations (en Md d'écus) : 76.

(1) Femmes/hommes.
(2) 1993.

INDEX

A

Accor, 102.
Açores, 10.
Adenauer, 74.
Adriatique, 6.
AEG-Telefunken, 92.
Aérospatiale, 94, 134.
Afrique, 114.
Afrique du Sud, 103.
Ahern, 67
Ahtisaari, 67
Airbus Industrie, 94.
Aix-en-Provence, 141.
Akzo, 92.
Albert II, 67
Ålborg, 31.
Aléria, 38.
Algarve, 58.
Algérie, 114.
Alicante, 32.
Allemand, 74, 104, 114, 118.
Allemagne, 4 à 6, 8, 13, 14, 16, 18, 20 à 23, 26, 28, 42, 66 à 69, 71, 73 à 75, 77, 78, 80 à 83, 85, 86, 92 à 96, 98, 99, 103, 104, 109, 112 à 118, 120 à 126, 139, 142 à 148.
Allied-Lyons, 99.
Alpes, 6, 8, 38, 48, 82.
Alsace, 6, 38, 116.
Amazone, 14.
Amérique, 46, 103, 150.
Amsterdam, 56, 57, 106, 107, 141.
Andalousie, 8, 34, 68.
Anderlecht, 29.
Ansbach, 141.
Anvers, 28, 29, 108.
Apennins, 48.
Arabes, 16.
Aragon, 8, 34.
ARBED, 52.
Ardenne, 26.
Århus, 31.
Arnhem, 57.
Arno, 14.
Ashmolean, 141.
Asie, 90, 114.
Athènes, 11, 42 à 45, 92.
Australie, 42.
Aznar, 67

B

Bach, 141.
Bade, 6.
Bad-Godesberg, 72.
Baléares, 34.
Baltique, 20, 30.
Barcelone, 35, 141.
Bassin aquitain, 38.
Bassin parisien, 8, 20, 38, 78.
Bari, 51.
BASF, 52.
BAT Industries, 99.
Bavière, 8, 78.
Bayer, 92.
Bayreuth, 141.
Beatrix Ire, 67.
Beauce, 8.
Beethoven, 141.
Belge, 52, 114.
Belgique, 4, 13, 16, 18, 26 à 29, 52, 67 à 69, 71, 73 à 75, 77, 78, 82 à 85, 87, 95, 99, 104, 112 à 114, 118, 122, 123, 125, 126 à 148.
Benelux, 4, 26, 27, 104.
Berlin, 11, 21, 23, 141.
Berlusconi, 66, 146.
Bertelsman, 144.
Bilbao, 35.
Blair, 67
BMW, 93.
Bologne, 140.
Bonn, 141, 145.
Bordeaux, 41, 141.
Botrange, 26.
Brabant, 26.
Braga, 58.
Bretagne, 78, 82, 86, 96.
Briand, 4.
Britannique, 114.
British Aerospace, 94.
British Museum, 141.
British Petroleum, 62, 98.
Bruges, 29.
Bruxelles, 26, 28, 70, 140.

C

Calédonie, 6.
Camorra, 50.
Campanie, 78.
Carlsberg, 30.
Catalogne, 32, 34, 68, 110, 146.
Catane, 51.
Cavour, 48.
CECA, 4, 5, 90.
Celtes, 16.
Charleroi, 28, 29.
Charles XVI Gustave, 67
Charlottenburg, 141.
Chine, 90, 152.
Chirac, 67
Churchill, 4.
City, 62.
Cockerill-Sambre, 28.
Coimbra, 59.
Commonwealth, 46, 62.
Copenhague, 31, 92, 96, 107, 138.
Cordillère Bétique, 8.
Corée du Sud, 90.
Corfou, 42.
Cork, 47.
Courtaulds, 90.

D

DCN, 134.
Daimler-MBB, 94, 95, 134.
Danemark, 4, 13, 16, 18, 30, 31, 67 à 69, 71, 73, 75 à 78, 82, 83, 85 à 87, 95, 96, 99, 103, 104, 108 à 114, 116, 118, 122 à 135, 137 à 139, 142, 145, 147, 148.
Danois, 30, 110.
Danube, 20, 56.
Dassault, 94, 134.
De Benedetti, 144.
De Gasperi, 74.
Dehaene, 67
Differdange, 53.
DCN, 134.
Dortmund, 23.
Douro, 15.
Douvres, 60.
Dublin, 47, 92.
Dudelange, 53.
Dun Laoghaire, 47.
Dunkerque, 90, 108.
Düsseldorf, 23, 107.

E

East Anglia, 78.
Ebre, 14, 15.
Écosse, 6, 30, 61, 82, 116.
Eiffel, 141.
Eindhoven, 56, 57.
Eire, 46, 60.
Elbe, 15.
Elisabeth II, 67.
Émilie, 120.
ENI, 99.
Enschede, 57.
Escaut, 28, 54.
Espagne, 4, 13, 16, 18, 32 à 35, 58, 67 à 69, 71, 73, 75, 76 à 80, 82, 83, 85, 86, 90, 93 à 95, 98, 99, 102, 104, 112 à 119, 122 à 139, 141, 142, 145 à 148, 152.
Espagnols, 16, 115, 116.
Estrémadure, 32, 34, 110.
États-Unis, 4, 42, 50, 62, 76, 84, 90, 92, 98, 100, 103, 110, 134, 144, 146, 149, 152, 153.
Europoort, 56.
Esch-sur-Alzette, 52, 53.
Essen, 23.
Exxon, 44.

F

Féroé, 30.
Ferruzzi, 96, 99.
FIAT, 50, 93, 99.
Flandre, 28.
Flevoland-Est, 55.
Florence, 14, 51, 141.
Folkestone, 141.
Ford, 28.
Forêt-Noire, 38.
Forez, 38.
Français, 27, 52, 74, 114.
France, 4 à 6, 8, 13, 14, 16, 18, 38 à 41, 55, 58, 67 à 69, 71 à 75, 77, 78, 80 à 83, 85 à 88, 90 à 96, 99, 100, 102 à 107, 109, 112 à

158

INDEX

114, 116, 118, 122 à 139, 141, 142, 144 à 150, 152.
Francfort, 23, 107.
Francs, 16.
Frisons, 55.

G

Gabon, 150.
Gachet, 141.
Galice, 32, 34, 68, 146.
Galway, 47.
Gand, 28, 29.
Gaule, 16.
Garibaldi, 48.
Garonne, 38.
GEC-Alsthom, 104.
General Electric, 99.
General Motors, 28, 52.
Gênes, 51.
Giscard d'Estaing, 75.
Glyndebourne, 141.
Goodyear, 52.
Grèce, 4, 6, 13, 16, 18, 42 à 45, 48, 66 à 69, 71, 73, 75, 77, 78, 81 à 85, 87, 88, 95, 96, 99, 102 à 104, 109, 110, 112, 114, 118, 122, 125 à 132, 134 à 137, 142, 146 à 148.
Grecs, 16, 42, 44, 110.
Grenoble, 41.
Groenland, 30.
Groningue, 56.
Guillaume le Conquérant, 60.
Guinée, 150.
Guinness, 46.
Gulf Stream, 10.
Guterres, 67
Gutland, 52.

H

Haarlem, 54.
Hambourg, 23.
Hanson, 99.
Harz, 6.
Helsinki, 36-37
Héraklion, 43.
Hersant, 144.
Herzog, 67
Highlands, 82.
Hoechst, 92.
Hollandais, 55.
Hong-Kong, 90.
Hugo, 4.

I

IBM, 94.
ICI, 92.
IJmuiden, 56.
IJssel, 54, 57.
Inde, 152.
Indien, 16.
INI, 98.
Invalides, 141.
IRI, 50, 98, 99.
Iris, 141.
Irlandais, 46, 114.
Irlande, 4, 13, 16, 18, 46, 47, 60, 66 à 68, 71, 73, 75 à 78, 82, 83, 85, 86, 96, 98, 103, 104, 110, 113, 118, 122, 123, 125 à 135, 137, 145 à 148.
Israël, 103.
Italie, 13, 16, 18, 48 à 51, 64 à 69, 71, 72 à 79, 81 à 83, 85, 87, 90 à 96, 99, 103, 104, 109, 110, 114, 116, 118, 122 à 140, 142, 145 à 148, 152.
Italiens, 27, 52, 74, 114, 116.

J

Japon, 84, 90, 94, 95, 98, 100, 103, 144, 146, 149, 152, 153.
Jean de Luxembourg, 67.
Jospin, 67
Juan Carlos Ier, 67.
Juncker, 67
Jura, 20, 38.
Jutland, 30.

K

Kanterbrau, 98.
Kattegat, 30.
Kerkrade, 57.
Klestil, 67
Klima, 67
Kok, 67
Kronenbourg, 98.
Krupp, 99.

L

La Haye, 57, 121.
Languedoc, 38.
Larissa, 43.
Latran, 48.
Leipzig, 20, 23.
Lek, 14.
Lloyd's, 62.
Le Pirée, 44.
Levant, 34, 96.
Liège, 28, 29.
Lille, 41.
Limagne, 38.
Limerick, 47.
Limousin, 82.
Lipponen, 67
Lisbonne, 58, 96.
Loire, 15, 38.
Lomé, 150.
Londres, 8, 60, 62, 76, 96, 107, 120, 141, 152.
Lorraine, 52, 116.
Louvre, 141.
Lowlands, 6.
Luxembourg, 4, 13, 16, 18, 26, 52, 53, 67, 68, 70, 71, 73, 75, 77, 78, 82, 83, 85, 90, 91, 99, 103, 104, 113, 114, 116, 123, 125 à 135, 137, 138, 147, 148.
Luxembourgeois, 118.
Lyon, 41.

M

Mc Aleese, 67
McDonald's, 136.
Macédoine, 42.
Madrid, 32, 35, 107, 141.
Mafia, 50.
Maghrébins, 16, 115.
Main, 120.
Malága, 35.
Manche, 60.
Margrethe II, 67.
Maroc, 114.
Marocains, 27.
Marseille, 41, 106.
Marshall, 4.
Massif armoricain, 38.
Massif central, 8, 38.
Matra, 94, 134.
Médicis, 141.
Méditerranée, 6, 15, 16, 32, 34, 38, 44, 86, 87.
Mer du Nord, 6, 14, 15, 28, 30.
Meuse, 14, 15, 54.
Mezzogiorno, 50.
Milan, 49, 51, 107, 121
Monnet, 4, 74, 140.
Mons, 29.
Mont Blanc, 8.
Mont Olympe, 42.
Monts Cantabriques, 32.
Moscou, 136.
Moselle, 52.
Munich, 23, 121.
Murdoch, 144.

N

Namur, 29.
Nantes, 41.
Naples, 51.
National Gallery, 141.
Nazaré, 58
Néerlandais, 26, 54, 102.
Nestlé, 98.
New York, 141.
Nice, 41.
Nimègue, 57.
Nord-Pas-de-Calais, 110.
Normandie, 28, 82.
Nouvelle-Zélande, 103.

O

Océan Atlantique, 6, 15, 33, 47, 58, 60, 61, 86, 87.
Odense, 31.
OECE, 4, 5.
Oesling, 52.
Offices, 141.
Ostrogoths, 16.
Oxford, 141.

P

Pakistanais, 16.
Palerme, 49, 51.
Panzani, 98.
Paris, 41, 56, 92, 96, 104, 107, 120, 140, 141, 152.
Pas-de-Calais, 60.
Patras, 43
Pays-Bas, 4, 13, 14, 16, 18, 26, 28, 52, 54 à 57, 67 à 69, 71, 73, 75 à 78, 82, 83, 85 à 88, 91 à 93, 95, 96, 99, 103, 104, 109, 112, 116, 118, 122 à 139, 142, 145 à 148, 150.
Pays basque, 32, 34, 68, 146.
Pays noirs, 62, 90, 110.

159

INDEX

Pechiney, 44, 99.
Péloponnèse, 42.
Pérouse, 141.
Persson, 67
Peugeot, 93.
Philips, 56, 92, 99.
Pic d'Aneto, 8.
Piémont, 48.
Pô, 6, 8, 15, 16, 48, 76, 96.
Pompidou (centre), 141.
Porto, 58
Portugais, 52, 102, 114 à 116.
Portugal, 4, 13, 16, 18, 42, 48, 58, 59, 66 à 69, 71 à 73, 75 à 80, 82, 83, 85, 91, 93, 95, 96, 98, 100, 103, 104, 110, 114, 116, 118, 122 à 135, 137, 142, 145 à 148.
Prades, 141.
Prado, 141.
Prodi, 67
Prouvost, 90.
Puy de Sancy, 8, 38.
Pyrénées, 6, 8, 32, 38, 82.

 Q

Quick's, 136.

R

Randstad, 16, 120
Rasmussen, 67
Rembrandt, 141.
Renaissance, 140.
Renault, 28, 93.
Renoir, 141.
Rhin, 14, 15, 54, 56.
Rhône, 15.
Rhône-Poulenc, 92.

Riesling, 52.
Romagne, 120.
Romains, 16.
Rome, 4, 5, 48, 51, 70, 107, 110, 140, 145.
Rossel, 144.
Rotterdam, 56, 57, 98, 108, 152.
Roussillon, 38.
Rover, 93.
Royal Dutch Shell, 62, 99.
Royaume-Uni, 4 à 6, 8, 13, 16, 18, 46, 55, 60 à 63, 67 à 69, 71 à 75, 77, 78, 82, 83, 85, 86, 88, 91 à 96, 98, 99, 103, 104, 110, 112 à 114, 116, 118, 122 à 139, 142 à 148.
Ruhr, 56, 92, 110.
Rungis, 54.

S

Saint-Gothard, 14.
Saint-Marin, 48.
Saint-Vincent, 58.
Sampaio, 67
Saragosse, 35.
Sardaigne, 48.
Saxe, 20.
Scalfaro, 67
Scandinavie, 20.
Schaerbeeck, 29.
Schröder, 67
Schuman, 4, 74.
Science Museum, 141.
Ségovie, 32
Seine, 14, 15, 38, 96.
Setúbal, 58.
Séville, 35.
Shannon, 46.
Sicile, 48.

SIDMAR, 28.
Siemens, 92, 94, 99.
Sierra Morena, 32.
Sierra Nevada, 8.
Sines, 58.
Simitis, 67
Skagerrak, 30.
SNECMA, 94, 134.
Spring, 73.
Springer, 144.
Stephanopoulos, 67
Stockholm, 64-65
Strasbourg, 4, 41, 70.
Stuttgart, 23, 92.
Suisse, 50, 124.
Sund, 30.

T

Tage, 14, 15, 58.
Taiwan, 90.
Tarente, 90, 108.
Tate Gallery, 141.
Thessalie, 42.
Thessalonique, 42, 43, 44.
Thomson, 56, 92, 99, 134.
Thorn-EMI, 146.
Thuringe, 20.
Tiers Monde, 4, 90, 150.
Thyssen, 99, 104.
Tilburg, 57.
Tokyo, 136.
Toscane, 78.
Toulon, 41.
Toulouse, 41.
Tournesols, 141.
Traminer, 52.
Tuborg, 30.
Tunisie, 114.
Turin, 51, 145.
Turner, 141.
Turquie, 114.
Tussaud, 141.

 U

Ulster, 46, 61.
Unilever, 62, 96, 97, 99.
Usinor-Sacilor, 99.
Utrecht, 57.

V

Valence, 35.
Valentia, 11.
Vandenbrouck, 73.
Van Gogh, 141.
Vatican, 48.
Veba, 99.
Velázquez, 141.
Vénétie, 120.
Venise, 51.
Vérone, 141.
Versailles, 141.
Vienne, 24, 25, 52.
Vikings, 30.
Volga, 14.
Volos, 43.
Volkswagen, 93, 99.
Volvo, 28, 93.
Vosges, 38.

 W

Waal, 14.
Wagner, 141.
Wateringues, 54.
Weser, 15.
Wisigoths, 16.

 Y

Yaoundé, 150.
Yougoslavie, 45, 114.

 Z

Zuiderzee, 54, 78.
Zurich, 4.

Édition : Cécile Geiger
Maquette : Primart
Cartographie : Gilles Alkan, Jean-Pierre Magnier
Illustrations : Béatrice Couderc
Maquette de couverture : Favre-Lhaik
Illustration de couverture : Guillaume de Montrond – Arthur Vuarnesson
Fabrication : Jacques Lannoy

Achevé d'imprimer par CLERC S.A. - 18200 Saint-Amand-Montrond (France)
N° d'éditeur : 10075005 - (VI) - 20 - (CSBPC) - 80° - C2000 - N° d'imprimeur : 7270 - Mai 2000